1일 1독해

세계사

근대편 (하)

"하루 15분" 똑똑한 공부 습관

1일 1독해

초판 2쇄	2023년 7월 5일
초판 1쇄	2022년 6월 20일
펴낸곳	메가스터디(주)
펴낸이	손은진
개발 책임	김문주
개발	양수진, 최성아
글	구름돌
그림	박소연
디자인	이정숙, 주희연, 이솔이
제작	이성재, 장병미
사진 제공	토픽이미지스, Getty Images Bank
주소	서울시 서초구 효령로 304(서초동) 국제전자센터 24층
대표전화	1661.5431
홈페이지	http://www.megastudybooks.com
출판사 신고 번호	제 2015-000159호
출간제안/원고투고	writer@megastudy.net

일러두기
· 맞춤법과 띄어쓰기는 국립국어원에서 펴낸 《표준국어대사전》을 기준으로 삼되, 초등학교 교과서의 표기를 참고했습니다.
· 외국의 인명과 지명은 국립국어원에서 펴낸 《외래어 표기법》을 따랐습니다.
· 본 저작물은 공공누리 제1유형에 따라 공공 저작물을 이용하였습니다.

메가스터디BOOKS

'메가스터디북스'는 메가스터디㈜의 출판 전문 브랜드입니다.

유아/초등 학습서, 중고등 수능/내신 참고서는 물론, 지식, 교양, 인문 분야에서 다양한 도서를 출간하고 있습니다.

매일매일 공부 습관을 길러 주는 공부 친구

내 이름은 체키
Checky

· 나이 ·

11세

· 태어난 곳 ·

태양계 시간성

왕크왕귀

· 특징 ·

몸집에 비해, 손과 발이 극도로 작다.
매력포인트는 왕 큰 양쪽 귀와 45도로 뻗은 진한 콧수염.

· 성격 ·

허술해 보이는 외모와 다르게 치밀하고, 자신감이 넘친다.

· 지구별에 오게 된 사연 ·

태양계 시간성에서 Wake-up을 담당하는 자명종으로 태어나 지구별로 오게 됐으나,
신기한 지구 생활 매력에 푹 빠져, 하루 종일 신나는 모험 중이다.

· 새로운 재능 ·

'초집중 탐구력'을 발견하고 마음껏 뽐내고 있다.

하루 15분!

· 특기 ·

롤롤이 타고 탐험하기

체키 전용 롤러보드
롤롤이

· 꿈 ·

메가스터디북스 모든 책의 주인공 되기

1일 1독해

우리 아이 10년 뒤를 바꾸는 독해력!

독해력은 모든 학습의 기초 체력입니다. 초등 시기에 제대로 읽고 이해하는 독해력을 탄탄하게 다져 놓으면, 중학생, 고등학생이 되어 아무리 어려운 지문과 문제를 접하더라도 그 내용을 잘 이해할 수 있고 차근차근 문제를 풀 수 있습니다. 독해력이 뛰어난 아이일수록 여러 교과의 내용을 쉽게 이해할 수 있고, 자신의 생각을 풍부하고 명확하게 표현할 수 있습니다.

왜? 1일 1독해일까?

〈1일 1독해〉 시리즈는 주제에 맞는 이야기가 짧은 지문으로 제시되어 부담 없이 매일 한 장씩 풀기 좋습니다. 독해는 어릴 때 습관을 잡아 주는 것이 가장 중요합니다. 메가스터디북스의 〈1일 1독해〉 시리즈로 몸의 근육을 키우듯 **아이의 학습 근육을 키워 주세요.**

1일 1독해, 100만 명이 선택한 이유가 있습니다!

1 아이가 재미있어서 스스로 보는 책

왜 아이들은 1일 1독해를 "재미있다"고 할까요?
눈높이에 맞는 흥미로운 주제의 지문들을 읽는 즐거움이 있기 때문입니다.
지문을 읽고 바로바로 문제를 풀어 확인하는 단순한 학습 패턴에서 아이는 공부의 재미를 느끼게 됩니다.

2 매일 완독하니까 성공의 경험이 쌓이는 책

하루 15분! 지문 1쪽, 문제 1쪽의 부담 없는 학습량으로 아이는 매일매일 성공적인 학습을 경험합니다.
매일 느끼는 성취감은 꾸준한 학습 습관으로 이어지고, 완독의 경험이 쌓여 아이의 공부 기초 체력이 됩니다.

3 독해 학습과 배경지식 확장이 가능한 책

한국사, 세계사, 사회 등 교과 연계 주제 지문으로 교과 학습 대비가 가능하고,
세계 명작, 고전, 인물까지 인문 교양과 관련된 폭넓은 주제의 지문으로 배경지식을 확장시킬 수 있습니다.
또한 다양한 유형의 문제로 독해력을 키우는 데 효과적입니다.

메가스터디북스 1일1독해 시리즈

〈1일 1독해〉 시리즈는 독해를 이제 막 시작하는 예비 초등을 위한 **이야기 시리즈**, 초등학교 전학년이 볼 수 있는 교과 연계 중심의 **교과학습 시리즈**, 배경지식을 확장해 주는 **인문교양 시리즈**로 구성됩니다.

예비 초등

이야기

과학 이야기 ❶~❻
세계 나라 ❶, ❷
세계 명작
마음 이야기
전 10권

호기심을 키우는 다양한 주제의 이야기로, 아이가 관심 있는 주제부터 시작하여 차근 차근 독해력을 길러 줍니다.

초등 교과학습

한국사

❶ 선사~통일 신라, 발해편
❷ 후삼국~고려 시대편
❸ 조선 시대편 (상)
❹ 조선 시대편 (하)
❺ 대한 제국~현대편
전 5권

우리 역사의 주요 사건과 인물을 시대별로 구성하여, 한국사의 흐름을 이해하고 교과 학습에 대비할 수 있습니다.

세계사

❶ 고대편
❷ 중세편
❸ 근대편 (상)
❹ 근대편 (하)
❺ 현대편
전 5권

세계사의 주요 장면들을 독해로 학습하며 우리 아이가 반드시 알아야 할 세계사 지식 을 시대별 흐름에 맞춰 익힐 수 있습니다.

초등 사회

❶~❺
전 5권

사회 문화, 지리, 전통문화, 정치, 경제 등의 사회 교과 독해를 통해 교과 학습에 대비할 수 있습니다.

초등 인문교양

세계 고전 50 | 우리 고전 50

세계 고전 50 ❶, ❷
우리 고전 50
❶ 삼국유사 설화
❷ 교과서 고전문학
전 4권

초등학생이 꼭 읽어 두어야 할 세계 고전 50편과 우리 고전 50편을 하이라이트로 미 리 접하며 교양을 쌓을 수 있습니다.

세상을 바꾼 인물 100

❶ 문화·예술
❷ 과학·기술
❸ 의료·봉사
❹ 경제·정치
전 4권

교과서에 수록된 인물을 중심으로 초등학 생이 꼭 알아야 할 위대한 인물 100명의 이 야기를 통해 바른 인성을 기를 수 있습니다.

1일 1독해 구성과 특징

지문 1쪽 문제 1쪽으로 매일매일 독해력 강화!

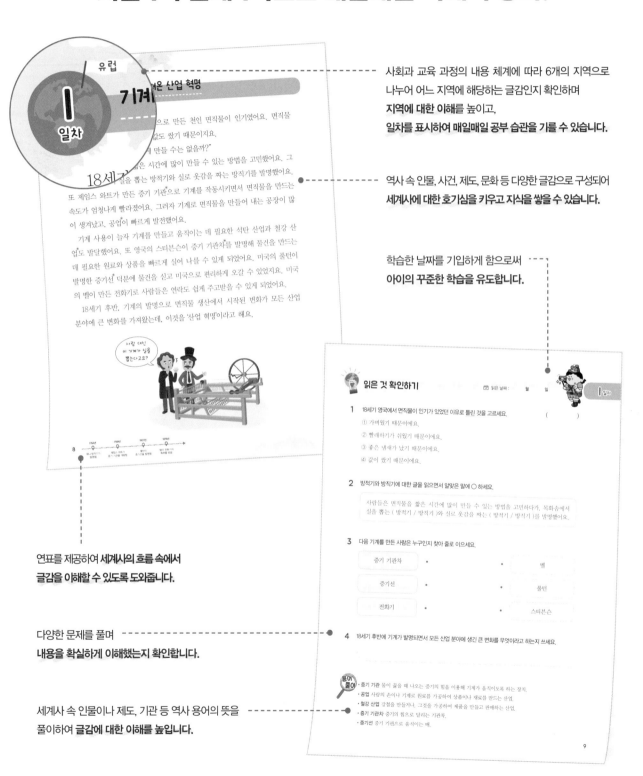

사회과 교육 과정의 내용 체계에 따라 6개의 지역으로
나누어 어느 지역에 해당하는 글감인지 확인하며
지역에 대한 이해를 높이고,
일차를 표시하여 매일매일 공부 습관을 기를 수 있습니다.

역사 속 인물, 사건, 제도, 문화 등 다양한 글감으로 구성되어
세계사에 대한 호기심을 키우고 지식을 쌓을 수 있습니다.

학습한 날짜를 기입하게 함으로써
아이의 꾸준한 학습을 유도합니다.

연표를 제공하여 **세계사의 흐름 속에서**
글감을 이해할 수 있도록 도와줍니다.

다양한 문제를 풀며
내용을 확실하게 이해했는지 확인합니다.

세계사 속 인물이나 제도, 기관 등 역사 용어의 뜻을
풀이하여 **글감에 대한 이해를 높입니다.**

낱말 퍼즐과 속닥속닥 세계사로 배경지식까지 풍성하게!

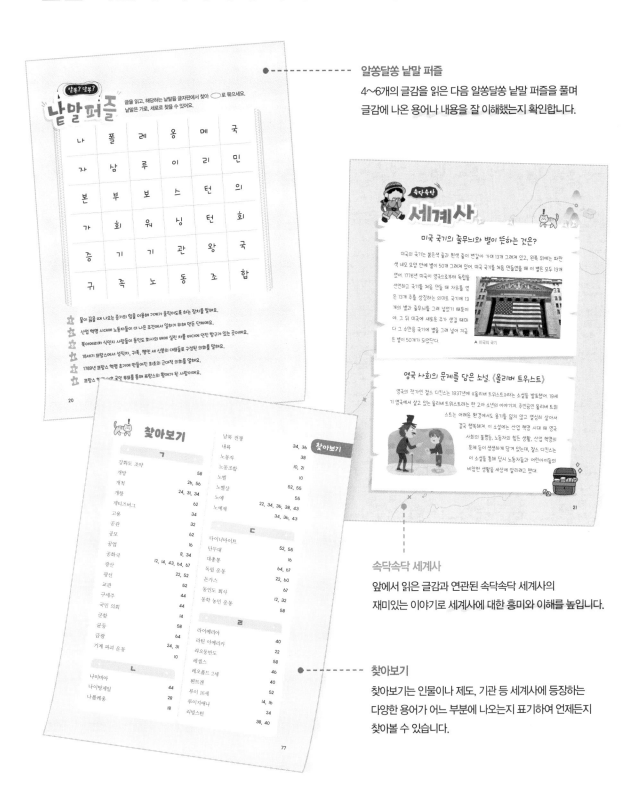

알쏭달쏭 낱말 퍼즐

4~6개의 글감을 읽은 다음 알쏭달쏭 낱말 퍼즐을 풀며
글감에 나온 용어나 내용을 잘 이해했는지 확인합니다.

속닥속닥 세계사

앞에서 읽은 글감과 연관된 속닥속닥 세계사의
재미있는 이야기로 세계사에 대한 흥미와 이해를 높입니다.

찾아보기

찾아보기는 인물이나 제도, 기관 등 세계사에 등장하는
다양한 용어가 어느 부분에 나오는지 표기하여 언제든지
찾아볼 수 있습니다.

세계사

④ 근대편(하)

그린란드
(덴마크)

알래스카
(미국)

캐나다

미국

멕시코

쿠바
도미니카공화국
벨리즈
과테말라
엘살바도르 온두라스
니카라과
코스타리카 파나마 베네수엘라
가이아나
콜롬비아 수리남
에콰도르

페루 브라질

볼리비아

파라과이

아르헨티나 우루과이
칠레

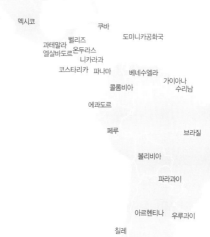

🌐 사회 교과 과정에 따라 지역을 구분하였습니다. 글감에 나오는 나라의 위치를 지도에서 찾아보세요.

아이슬란드
스웨덴　핀란드
노르웨이　유럽　러시아
에스토니아
라트비아
덴마크　리투아니아
아일랜드　영국　네덜란드　폴란드　벨라루스
독일　체코　슬로바키아　우크라이나　카자흐스탄
프랑스　스위스　오스트리아　헝가리　몰도바
이탈리아　크로아티아　루마니아　서아시아　동아시아
에스파냐　보스니아 세르비아　불가리아　조지아　몽골
헤르체고비나　아제르바이잔　우즈베키스탄　키르기스스탄
포르투갈　그리스　터키　투르크메니스탄　타지키스탄
시리아　이란　아프가니스탄　중국　대한민국　일본
튀니지　레바논　이라크　인도
모로코　이스라엘　쿠웨이트　파키스탄　네팔　부탄
알제리　리비아　이집트　요르단　아랍 에미리트　인도　방글라데시
서사하라　사우디아라비아　오만　미얀마　베트남　타이완
모리타니　수단　예멘　라오스
말리　니제르　차드　타이　필리핀
세네갈　부르키나파소　캄보디아
기니　나이지리아　중앙아프리카　아프리카
시에라리온　코트디부아르　공화국　남수단　에티오피아　말레이시아　브루나이
라이베리아　가나　카메룬　우간다　소말리아　싱가포르
가봉　콩고　콩고　케냐
민주 공화국　탄자니아　인도네시아　파푸아
앙골라　뉴기니
잠비아　모잠비크
짐바브웨　마다가스카르
나미비아　보츠와나　오스트레일리아
남아프리카
공화국

기계의 발명이 가져온 산업 혁명

18세기에 영국에서는 목화솜으로 만든 천인 면직물이 인기였어요. 면직물은 가벼우며 빨래하기도 쉽고 값도 쌌기 때문이지요.

"면직물을 지금보다 빠르게 만들 수는 없을까?"

사람들은 면직물을 짧은 시간에 많이 만들 수 있는 방법을 고민했어요. 그 결과 목화솜에서 실을 뽑는 방적기와 실로 옷감을 짜는 방직기를 발명했어요. 또 제임스 와트가 만든 증기 기관[*]으로 기계를 작동시키면서 면직물을 만드는 속도가 엄청나게 빨라졌어요. 그러자 기계로 면직물을 만들어 내는 공장이 많이 생겨났고, 공업[*]이 빠르게 발전했어요.

기계 사용이 늘자 기계를 만들고 움직이는 데 필요한 석탄 산업과 철강 산업[*]도 발달했어요. 또 영국의 스티븐슨이 증기 기관차[*]를 발명해 물건을 만드는 데 필요한 원료와 상품을 빠르게 실어 나를 수 있게 되었어요. 미국의 풀턴이 발명한 증기선[*] 덕분에 물건을 싣고 미국으로 편리하게 오갈 수 있었지요. 미국의 벨이 만든 전화기로 사람들은 연락도 쉽게 주고받을 수 있게 되었어요.

18세기 후반, 기계의 발명으로 면직물 생산에서 시작된 변화가 모든 산업 분야에 큰 변화를 가져왔는데, 이것을 '산업 혁명'이라고 해요.

사람 대신
이 기계가 실을
뽑는다고요?

1764년	1769년	1807년	1876년
제니 방적기가 발명됨.	제임스 와트가 증기 기관을 개량함.	풀턴이 증기선을 발명함.	벨이 전화기의 특허를 받음.

읽은 것 확인하기

읽은 날짜 :   월   일

1 18세기 영국에서 면직물이 인기가 있었던 이유로 <u>틀린</u> 것을 고르세요.   (   )

① 가벼웠기 때문이에요.

② 빨래하기가 쉬웠기 때문이에요.

③ 좋은 냄새가 났기 때문이에요.

④ 값이 쌌기 때문이에요.

2 방적기와 방직기에 대한 글을 읽으면서 알맞은 말에 ◯ 하세요.

사람들은 면직물을 짧은 시간에 많이 만들 수 있는 방법을 고민하다가, 목화솜에서 실을 뽑는 (방적기 / 방직기)와 실로 옷감을 짜는 (방적기 / 방직기)를 발명했어요.

3 다음 기계를 만든 사람은 누구인지 찾아 줄로 이으세요.

증기 기관차	•		•	벨
증기선	•		•	풀턴
전화기	•		•	스티븐슨

4 18세기 후반에 기계가 발명되면서 모든 산업 분야에 생긴 큰 변화를 무엇이라고 하는지 쓰세요.

- **증기 기관** 물이 끓을 때 나오는 증기의 힘을 이용해 기계가 움직이도록 하는 장치.
- **공업** 사람의 손이나 기계로 원료를 가공하여 상품이나 재료를 만드는 산업.
- **철강 산업** 강철을 만들거나, 그것을 가공하여 제품을 만들고 판매하는 산업.
- **증기 기관차** 증기의 힘으로 달리는 기관차.
- **증기선** 증기 기관으로 움직이는 배.

산업 혁명이 가져온 사회 변화

산업 혁명으로 공장이나 상점의 주인들은 돈을 많이 벌어 풍요로운 삶을 살게 되었어요. 하지만 공장에서 일하는 노동자[*]들은 이른 아침부터 밤늦게까지 일하고도 임금[*]을 조금밖에 받지 못해 아주 가난했어요.

노동자들이 일하는 공장은 환경도 아주 나빴어요. 노동자들이 일하다 병을 얻거나 사고로 다치기라도 하면 공장 주인들은 아무런 보상도 해 주지 않고 노동자들을 공장에서 그냥 쫓아냈어요. 그러자 노동자들은 더 나은 조건에서 일하기 위해 노동조합[*]을 만들었어요. 어떤 노동자들은 새로운 기계로 인해 자신들의 일자리를 빼앗겼다고 생각해 기계 파괴 운동을 벌이기도 했지요.

산업 혁명으로 여러 가지 사회 문제가 생겨나자, '사회주의'라는 새로운 사상이 등장했어요. 사회주의는 자본가[*]가 공장을 갖지 못하게 하고, 사회가 공장을 공동으로 관리해 모든 사람이 이익을 똑같이 나누어 가지자는 사상이에요.

대표적인 사회주의 사상가였던 마르크스[*]는 자신이 쓴 책인 《자본론》에서 노동자들이 혁명을 일으켜 노동자가 주인이 되는 사회를 만들어야 한다고 주장했어요.

▲ 마르크스 동상

19세기 초
기계 파괴 운동이 일어남.

1867년
마르크스가
《자본론》 1권을 발표함.

읽은 것 확인하기

1 산업 혁명 이후 노동자들에 대한 설명으로 맞는 것을 모두 고르세요.   (,   )

① 일한만큼 돈을 많이 벌었어요.

② 이른 아침부터 밤늦게까지 공장에서 일했어요.

③ 좋은 환경에서 편하게 일했어요.

④ 임금을 조금밖에 받지 못했어요.

2 새로운 기계에 일자리를 빼앗겼다고 생각한 노동자들이 벌인 운동은 무엇인지 찾아 ○ 하세요.

기계 발명 운동	기계 파괴 운동	기계 수리 운동

3 사회주의에 대한 글을 읽고, 빈 곳에 알맞은 말을 쓰세요.

사회주의는 자본가가 공장을 갖지 못하게 하고, _____가 공장을 공동으로 관

리해 모든 사람이 이익을 똑같이 나누어 가지자는 사상이에요.

4 노동자들이 혁명을 일으켜 노동자가 주인이 되는 사회를 만들어야 한다고 주장한 사람의 이름을 쓰세요.

✎

_____

• **노동자** 일을 하고 받은 돈으로 생활하는 사람.

• **임금** 일을 한 대가로 받는 돈.

• **노동조합** 노동자들이 일하기 좋은 환경을 만들고, 노동자들의 사회적, 경제적 지위를 향상시키기 위해 활동하는 단체.

• **자본가** 많은 돈을 가지고 있으면서, 그 돈을 빌려주고 이자를 받거나 회사나 공장 등을 운영해 이익을 얻는 사람.

• **마르크스** 독일의 경제학자·정치학자·철학자.

3 일차 보스턴 차 사건과 미국의 독립

17세기 이후 북아메리카에는 영국에서 많은 사람이 건너와 13개의 식민지를 만들었어요. 영국 정부는 이들 식민지에 세금을 거두었지만, 식민지 사람들이 크게 반발하자 차에 대한 세금만 남기고 나머지는 모두 없앴어요. 그러다가 1773년 영국 정부는 동인도 회사만 식민지 사람들에게 차를 팔 수 있는 법을 만들고 차에 높은 세금을 붙여 비싸게 팔았어요.

화가 난 식민지 사람들은 영국 정부에 거세게 항의했어요. 그리고 보스턴 항구에 머물고 있던 동인도 회사의 배를 습격해 배에 실려 있던 차를 바다에 던져 버렸는데, 이 일을 '보스턴 차 사건'이라고 해요.

보스턴 차 사건 이후 영국은 식민지를 더욱 탄압했어요. 그러자 식민지 사람들은 조지 워싱턴*을 독립군 총사령관*으로 임명하고, 영국군과 전쟁을 벌였어요. 전쟁 초기에는 독립군이 불리했어요. 하지만 독립에 대한 간절한 바람과 프랑스, 에스파냐 등의 도움으로 마침내 독립군이 전쟁에서 승리했어요. 결국 영국은 1783년에 파리에서 열린 회의에서 식민지의 독립을 인정했어요.

영국에서 독립한 식민지들은 13개의 주가 되어 '아메리카 합중국*'이라는 연방* 공화국을 세웠는데, 이 나라가 바로 미국이에요.

미국의 독립 100주년을 기념하는 자유의 여신상 ▶

1773년
보스턴 차 사건이
일어남.

1776년
북아메리카 식민지들이
독립을 선언함.

1783년
영국이 식민지의
독립을 인정함.

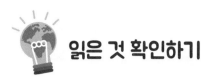

읽은 것 확인하기

1 보스턴 차 사건에 대한 글을 읽으면서 알맞은 말에 ○ 하세요.

> 영국 정부가 (서인도 / 동인도) 회사만 식민지 사람들에게 차를 팔 수 있게 하고 차에
> 높은 세금을 붙여 비싸게 팔자, 화가 난 식민지 사람들이 (서인도 / 동인도) 회사의
> 배를 습격해 배에 실려 있던 (차 / 커피)를 바다에 던져 버린 사건이에요.

2 북아메리카 독립군이 영국군과 전쟁을 벌일 때 도움을 받은 나라를 모두 찾아 ○ 하세요.

프랑스	중국	이탈리아	에스파냐

3 사건이 일어난 순서에 맞게 번호를 쓰세요.

- 독립군이 영국군과 전쟁을 벌였어요. ( )
- 영국이 식민지의 독립을 인정했어요. ( )
- 식민지 사람들이 동인도 회사의 배에 실린 차를 바다에 던졌어요. ( )
- 13개의 식민지들이 연방 공화국을 세웠어요. ( )

4 영국에서 독립한 북아메리카의 13개 식민지들이 세운 연방 공화국의 이름을 쓰세요.

- **조지 워싱턴** 미국의 초대 대통령으로, 미국 독립 후 8년 동안 미국을 다스림.
- **총사령관** 군 전체 또는 큰 규모의 군대를 모두 지휘하는 최고 우두머리.
- **합중국** 둘 이상의 국가나 주가 독립된 법과 제도를 가지면서 하나의 주권 아래 연합한 국가 형태.
- **연방** 자치권을 가진 두 개 이상의 주나 나라가 하나의 중앙 정부를 중심으로 연합하여 이루는 국가.
- **공화국** 국민이 뽑은 대표자가 국민의 의견을 모아 정치를 하는 나라.

4 일차 평민들이 왕을 몰아낸 프랑스 혁명

18세기 프랑스는 성직자, 귀족, 평민의 세 신분으로 나누어져 있었어요. 땅을 많이 가진 성직자와 귀족은 세금을 내지 않았고, 프랑스 전체 인구의 대부분을 차지하는 평민은 많은 세금을 냈지요.

1789년에 루이 16세는 세금을 더 거두려고 성직자, 귀족, 평민 대표들로 구성된 삼부회*를 열었어요. 평민 대표들은 신분별로 투표권을 하나씩 주는 방식이 평민들에게 불리하다며 사람 수대로 투표하자고 했어요. 하지만 그들의 요구가 받아들여지지 않자, 평민 대표들은 '국민 의회*'를 만들고 공평한 법이 만들어질 때까지 흩어지지 않겠다고 선언했어요.

루이 16세는 군대를 보내 국민 의회를 없애 버리려고 했어요. 이 소식을 들은 파리 사람들은 국민 의회를 지키기 위해 군대를 만들고, 무기와 화약이 있는 바스티유 감옥을 공격했어요. 프랑스 혁명이 시작되었지요.

혁명은 프랑스 전국으로 퍼져 나갔어요. 국민 의회는 자유, 평등 등 시민이 누려야 할 권리를 담은 '인권* 선언'을 발표했어요. 루이 16세는 오스트리아로 도망가려다 붙잡혀 처형되었고, 이후 프랑스는 공화국이 되었어요.

총과 화약을 찾읍시다!

1789년
프랑스 혁명이 시작됨.

1793년
루이 16세가 처형됨.

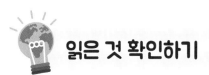 **읽은 것 확인하기**

1 18세기 프랑스의 세 신분에 포함되지 <u>않는</u> 것을 찾아 ○ 하세요.

성직자	평민	기사	귀족

2 프랑스 전체 인구의 대부분을 차지하며 많은 세금을 낸 사람들은 어떤 신분이었는지 쓰세요.

<u>　　　　　　　　　　　　　　　　　　　　　　　　　　　　　　　　　　　</u>

3 국민 의회에 대한 글을 읽고, 빈 곳에 알맞은 말을 쓰세요.

> 혁명이 프랑스 전국으로 퍼져 나가자, 국민 의회는 자유, 평등 등 시민이 누려야 할 권리
>
> 를 담은 ＿＿＿＿＿＿＿＿＿＿＿ 을 발표했어요.

4 사건이 일어난 순서에 맞게 번호를 쓰세요.

- 평민 대표들이 국민 의회를 만들었어요.　　　　　　　　（　　　）
- 루이 16세가 처형되었어요.　　　　　　　　　　　　　（　　　）
- 루이 16세가 삼부회를 열었어요.　　　　　　　　　　（　　　）
- 파리 사람들이 바스티유 감옥을 공격했어요.　　　　　（　　　）
- 국민 의회가 인권 선언을 발표했어요.　　　　　　　　（　　　）

용어풀이
- **삼부회** 성직자, 귀족, 평민 세 신분의 대표들로 구성된 의회. 왕이 필요로 할 때만 모였음.
- **국민 의회** 1789년 프랑스 혁명 초기에 만들어진 최초의 근대적 의회.
- **인권** 사람이 사람답게 살기 위해 누구나 당연히 누려야 할 권리.

5일차 프랑스 시민들에게 미움받은 마리 앙투아네트

마리 앙투아네트는 오스트리아 여왕인 마리아 테레지아의 막내딸로, 오스트리아 빈에서 태어났어요. 마리 앙투아네트는 1770년 프랑스의 황태자*인 루이 16세와 결혼했어요. 그리고 1774년 루이 16세가 왕위에 오르면서 프랑스의 왕비가 되었지요.

외모가 아름다워 작은 요정이라 불렸던 마리 앙투아네트는 사치스러운 생활을 했어요. 거두어들인 세금으로 값비싼 옷과 보석을 많이 사들였고, 호화로운 무도회를 자주 열었어요. 또한 베르사유 궁전의 정원에 있는 별궁*을 화려하게 고치고 그 근처에 자신만을 위한 작은 마을을 만드는 등 나랏돈을 많이 낭비했지요. 게다가 마리 앙투아네트를 둘러싼 나쁜 소문까지 퍼지면서 프랑스 시민들에게 크나큰 미움을 받았어요.

프랑스 혁명이 일어나자 마리 앙투아네트는 왕과 함께 파리에 있는 왕궁에 갇혀 지냈어요. 그러다가 나랏돈을 낭비한 죄, 오스트리아와 공모*하여 오스트리아가 프랑스를 침략하게 했다는 죄로 사형 선고를 받게 되지요. 1793년 루이 16세가 처형당한 지 얼마 지나지 않아 마리 앙투아네트도 단두대*에서 죽임을 당했어요.

▲ 마리 앙투아네트

1755년
마리 앙투아네트가
태어남.

1774년
마리 앙투아네트가
프랑스의 왕비가 됨.

1793년
마리 앙투아네트가
처형됨.

1 마리 앙투아네트는 누구의 왕비인지 찾아 색칠하세요.

루이 14세 루이 16세 윌리엄 14세

2 마리 앙투아네트에 대한 설명으로 <u>틀린</u> 것을 고르세요. ( )

① 오스트리아 빈에서 태어났어요.

② 사치스러운 생활을 했어요.

③ 별궁을 고치느라 나랏돈을 많이 낭비했어요.

④ 프랑스 시민들에게 사랑을 받았어요.

3 마리 앙투아네트가 사형 선고를 받은 이유를 모두 찾아 ○ 하세요.

| 나랏돈을 낭비한 죄 | 루이 16세를 무시한 죄 | 오스트리아와 공모한 죄 |

4 마리 앙투아네트에 대한 글을 읽으면서 알맞은 말에 ○ 하세요.

마리 앙투아네트는 (영국 / 프랑스) 혁명이 일어나자 여러 가지 죄로 사형 선고를 받고 (감옥 / 단두대)에서 죽임을 당했어요.

 • **황태자** 황제의 자리를 이을 황제의 아들.

• **별궁** 특별히 따로 마련한 궁전.

• **공모** 두 사람 이상이 함께 범죄를 계획하고 저지름.

• **단두대** 죄인의 목을 자르기 위하여 만든 기구.

6일차 유럽 대륙을 장악한 나폴레옹

지중해의 작은 섬에서 태어난 나폴레옹은 군인 학교를 졸업한 뒤 열여섯 살의 어린 나이에 포병* 장교가 되었어요. 스물일곱 살에는 오스트리아군을 공격하는 부대의 사령관이 되어 오스트리아군을 무찔렀어요.

나폴레옹은 프랑스 혁명 이후 혼란스러운 정부를 무너뜨리고 권력을 잡았어요. 그리고 1804년 국민 투표를 통해 프랑스의 황제가 되었어요.

나폴레옹은 유럽의 여러 나라와 전쟁을 벌이면서 유럽 대륙을 장악했어요. 하지만 영국과의 해전*에서는 지고 말았지요. 나폴레옹은 유럽의 나라들에게 영국과 무역을 하지 말라고 했어요. 그런데 러시아는 이 말을 무시하고 영국과 계속 무역을 했어요. 화가 난 나폴레옹은 수십만 대군을 이끌고 러시아를 정복하러 모스크바로 향했어요. 하지만 심한 추위와 굶주림으로 수많은 군사를 잃고, 러시아 군대에 크게 지고 돌아왔어요.

나폴레옹의 군대가 힘을 잃자, 1814년 영국을 중심으로 한 연합군*은 파리를 점령하고 나폴레옹을 엘바섬*으로 쫓아냈어요. 나폴레옹은 섬을 탈출해 파리로 가 다시 황제가 되었지만, 또다시 연합군에게 쫓겨나 결국 죽음을 맞았어요.

▲ 나폴레옹

1799년
나폴레옹이
정권을 잡음.

1804년
나폴레옹이
황제가 됨.

1812년
나폴레옹이
러시아 정복을 떠남.

1821년
나폴레옹이
죽음.

읽은 것 확인하기

1 나폴레옹이 스물일곱 살 때 사령관이 되어 무찌른 것은 어느 나라의 군대인지 찾아 ○ 하세요.

오스트리아	영국	프랑스

2 나폴레옹에 대한 글을 읽고, 빈 곳에 알맞은 말을 쓰세요.

> 나폴레옹은 국민 투표를 통해 프랑스의 ＿＿＿＿＿＿＿가 되었어요. 그 후 유럽의 여러
>
> 나라와 전쟁을 벌이면서 유럽을 장악했지만, ＿＿＿＿＿＿＿과의 해전에서는 지고 말았
>
> 어요.

3 영국과 무역을 하지 말라는 나폴레옹의 말을 무시하고 계속 무역을 한 나라의 이름을 쓰세요.

✏️ ＿＿＿＿＿＿＿＿＿＿＿＿＿＿＿＿＿＿＿＿＿＿＿＿＿＿＿＿＿＿＿

4 나폴레옹에 대한 설명으로 맞으면 ○, 틀리면 ✕ 하세요.

(1) 프랑스 파리에서 태어났어요. （　　　　）

(2) 열여섯 살에 포병 장교가 되었어요. （　　　　）

(3) 수십만 대군을 이끌고 러시아를 정복하러 갔어요. （　　　　）

(4) 러시아와의 전투에서 죽음을 맞았어요. （　　　　）

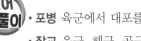

- **포병** 육군에서 대포를 다루는 군대나 군인.
- **장교** 육군, 해군, 공군의 소위 계급 이상의 군인.
- **해전** 바다에서 벌이는 싸움.
- **연합군** 전쟁에서 둘 이상의 나라가 연합하여 이룬 군대.
- **엘바섬** 이탈리아반도와 코르시카섬 사이에 있는 섬.

낱말 퍼즐

글을 읽고, 해당하는 낱말을 글자판에서 찾아 ◯로 묶으세요.
낱말은 가로, 세로로 찾을 수 있어요.

나	폴	레	옹	메	국
자	삼	루	이	리	민
본	부	보	스	턴	의
가	회	워	싱	턴	회
증	기	기	관	왕	국
귀	족	노	동	조	합

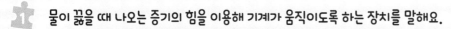

1 물이 끓을 때 나오는 증기의 힘을 이용해 기계가 움직이도록 하는 장치를 말해요.

2 산업 혁명 시대에 노동자들이 더 나은 조건에서 일하기 위해 만든 단체예요.

3 북아메리카 식민지 사람들이 동인도 회사의 배에 실린 차를 바다에 던진 항구가 있는 곳이에요.

4 18세기 프랑스에서 성직자, 귀족, 평민 세 신분의 대표들로 구성된 의회를 말해요.

5 1789년 프랑스 혁명 초기에 만들어진 최초의 근대적 의회를 말해요.

6 프랑스 혁명 이후 국민 투표를 통해 프랑스의 황제가 된 사람이에요.

세계사

미국 국기의 줄무늬와 별이 뜻하는 것은?

미국의 국기는 붉은색 줄과 흰색 줄이 번갈아 가며 13개 그려져 있고, 왼쪽 위에는 파란색 네모 모양 안에 별이 50개 그려져 있어. 미국 국기를 처음 만들었을 때 이 별은 모두 13개였어. 1776년 미국이 영국으로부터 독립을 선언하고 국기를 처음 만들 때 자유를 얻은 13개 주를 상징하는 의미로 국기에 13개의 별과 줄무늬를 그려 넣었기 때문이야. 그 뒤 미국에 새로운 주가 생길 때마다 그 수만큼 국기에 별을 그려 넣어 지금은 별이 50개가 되었단다.

▲ 미국의 국기

영국 사회의 문제를 담은 소설, 《올리버 트위스트》

영국의 작가인 찰스 디킨스는 1837년에 《올리버 트위스트》라는 소설을 발표했어. 19세기 영국에서 살고 있는 올리버 트위스트라는 한 고아 소년의 이야기지. 주인공인 올리버 트위스트는 어려운 환경에서도 용기를 잃지 않고 열심히 살아서 결국 행복해져. 이 소설에는 산업 혁명 시대 때 영국 사회의 불평등, 노동자의 힘든 생활, 산업 혁명의 문제 등이 생생하게 담겨 있는데, 찰스 디킨스는 이 소설을 통해 당시 노동자들과 어린아이들의 비참한 생활을 세상에 알리려고 했대.

7 일차 라틴 아메리카의 독립 전쟁

에스파냐와 포르투갈, 프랑스 등의 지배를 받던 라틴 아메리카* 사람들은 프랑스 혁명의 영향을 받아 독립 운동*을 벌였어요.

1804년에 프랑스의 지배를 받던 아이티가 라틴 아메리카에서 가장 먼저 독립했어요. 광산*이나 농장에서 일하며 힘든 삶을 살던 흑인 노예들이 반란을 일으켰고, 흑인 노예 출신인 투생 루베르튀르가 흑인 노예들을 이끌며 프랑스군과 맞서 싸웠어요. 이들은 십 년 넘게 계속된 긴 싸움에서 프랑스군을 물리치고 마침내 독립을 이루었어요.

라틴 아메리카 북부에서도 독립 운동이 일어났어요. 독립 운동을 이끈 사람은 볼리바르*였어요. 볼리바르는 군대를 이끌고 에스파냐군과 싸워 콜롬비아, 베네수엘라, 에콰도르, 볼리비아 등을 독립시켰어요. 여러 나라의 독립을 이끈 볼리바르는 '라틴 아메리카의 해방자'라고 불리며 사람들의 존경을 받았어요.

라틴 아메리카 남부에서는 군인인 산마르틴*이 독립 전쟁을 이끌었어요. 산마르틴은 독립군의 지휘관으로 활약하며 아르헨티나와 칠레, 페루 등을 독립시켰어요.

1804년
아이티가 독립함.

1819년
콜롬비아가 독립함.

1821년
페루가 독립함.

읽은 것 확인하기

📅 읽은 날짜 :   월   일

1 라틴 아메리카 사람들은 무엇의 영향을 받아 독립 운동을 벌였는지 찾아 색칠하세요.

(프랑스 혁명)   (청교도 혁명)   (백년 전쟁)

2 라틴 아메리카에서 가장 먼저 독립한 나라의 이름을 쓰세요.

✏️ _____

3 볼리바르가 독립 운동을 이끈 나라를 모두 찾아 ⟩⟨로 묶으세요.

베네수엘라   **멕시코**   **콜롬비아**

아이티   **볼리비아**

4 독립군의 지휘관으로 활약하며 아르헨티나와 칠레 등의 독립을 이끈 사람을 찾아 ◯ 하세요.

| 투생 루베르튀르 | 볼리바르 | 산마르틴 |

용어풀이

• **라틴 아메리카** 과거에 에스파냐, 포르투갈 등 라틴 민족의 지배를 받았던 아메리카 지역을 통틀어 이르는 말. 북아메리카 남부에서 남아메리카에 걸친 지역을 말함.

• **독립 운동** 나라의 독립을 이루기 위해 벌이는 여러 가지 활동.

• **광산** 금, 은, 철 등을 캐내는 곳.

• **볼리바르** 베네수엘라의 독립 혁명 지도자.

• **산마르틴** 아르헨티나의 군인이자 혁명가.

서쪽으로 땅을 넓혀 나간 미국

영국으로부터 독립한 미국의 13개 주는 대부분 북아메리카의 동부 해안에 몰려 있었어요. 그런데 미국이 1803년에 프랑스로부터 루이지애나 땅을 아주 싼값에 사들이면서 미국의 영토는 두 배로 늘어났어요. 그 뒤 에스파냐로부터 플로리다를 싼값에 사들이고, 멕시코를 공격해 콜로라도와 캘리포니아 등을 강제로 빼앗으면서 미국 땅은 태평양 연안까지 넓어졌어요.

넓어진 땅을 개척*할 사람이 필요했던 미국 정부는 사람들에게 개척할 땅을 싼값에 나누어 주었어요. 그러자 유럽에서 많은 이민자*들이 미국으로 건너와 서쪽 땅을 개척해 나갔어요.

1848년 미국 서쪽에 있는 캘리포니아에서 금광*이 발견되자, 수많은 사람들이 금을 캐러 캘리포니아로 몰려들면서 본격적으로 서부 개척 시대가 열렸어요. 서부로 몰려온 이민자들은 그 땅에 살고 있던 원주민들을 총으로 위협해 쫓아냈어요. 또한 미국 정부는 인디언* 보호 구역을 정해 원주민들을 그 안에서만 살게 했어요. 수많은 원주민이 저항했지만, 미국 정부는 원주민들을 더 가혹하게 몰아내면서 땅을 넓혀 나갔어요.

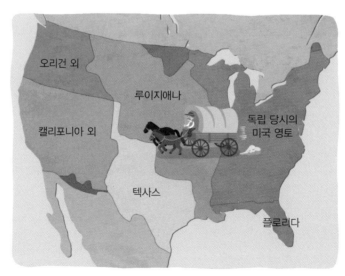

▲ 19세기 중반 미국의 영토

1803년
미국이 프랑스로부터
루이지애나를 사들임.

1848년
캘리포니아에서
금광이 발견됨.

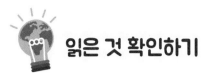

1 미국이 프랑스로부터 싼값에 사들인 지역은 어디인지 찾아 ◯ 하세요.

플로리다	루이지애나	캘리포니아

2 땅이 넓어지자 미국 정부가 한 일로 맞는 것을 고르세요.   (   )

① 사람들에게 땅을 싼값에 나누어 주어 개척하게 했어요.

② 원주민들에게 강제로 농사를 짓게 했어요.

③ 유럽 사람들에게 땅을 비싸게 팔았어요.

3 1848년 미국에서 금광이 발견된 지역은 어디인지 쓰세요.

4 이민자들과 미국 정부가 서부의 원주민들에게 한 일로 맞으면 ◯, 틀리면 ✕ 하세요.

⑴ 총으로 위협해 살던 곳에서 쫓아냈어요.   (   )

⑵ 원주민들에게 땅을 빼앗는 대신 돈을 주었어요.   (   )

⑶ 인디언 보호 구역 안에서만 살게 했어요.   (   )

⑷ 개척되지 않은 땅을 싼값에 나누어 주었어요.   (   )

용어풀이
- **개척** 거친 땅을 일구어 논이나 밭과 같이 쓸모 있는 땅으로 만듦.
- **이민자** 자기 나라를 떠나 다른 나라로 옮겨 사는 사람.
- **금광** 금을 캐내는 광산.
- **인디언** 아메리카 대륙의 원주민을 통틀어 이르는 말.

9 일차 중국의 문을 열게 한 아편 전쟁

18세기 후반 영국은 청나라에 면직물을 팔고, 청나라에서 차와 도자기 등을 샀어요. 하지만 청나라에서 면직물이 잘 팔리지 않아 큰 손해를 보았지요. 그러자 영국은 이 손해를 메우려고 인도에서 재배한 아편*을 청나라에 몰래 팔았어요. 아편을 사느라 청나라의 많은 은이 영국으로 빠져나갔고, 청나라에는 아편에 중독*된 사람이 늘어났어요. 그러자 청나라는 아편을 들여오지 못하게 하고, 영국 상인들에게서 아편을 빼앗아 불태웠어요.

영국은 이 일을 핑계로 1840년에 함대를 이끌고 청나라에 쳐들어와 '제1차 아편 전쟁'을 일으켰어요. 전쟁은 영국의 승리로 끝났고, 청나라는 영국과 조약*을 맺었어요. 청나라는 영국이 자유롭게 무역할 수 있도록 다섯 개의 항구를 열고, 영국에게 홍콩을 넘겨주어야 한다는 조약이었지요.

1856년에는 청나라의 관리가 애로호라는 이름의 배에 올라가 범죄자를 체포하고 영국 국기를 강제로 내리게 한 '애로호 사건'이 일어났어요. 영국은 이를 핑계로 프랑스와 손잡고 '제2차 아편 전쟁'을 일으켰어요. 청나라는 이 전쟁에서도 지는 바람에 더 많은 항구를 개방*하고, 영국과의 무역을 확대할 수밖에 없었어요.

1840년
제1차 아편 전쟁이 일어남.

1856년
제2차 아편 전쟁이 일어남.

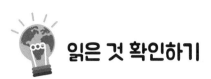 **읽은 것 확인하기**

1 영국과 청나라가 서로에게 판 물건은 무엇인지 찾아 줄로 이으세요.

| 영국 | • | | • | 차와 도자기 |
| 청나라 | • | | • | 면직물 |

2 영국이 청나라와의 무역에서 생긴 손해를 메우기 위해 청나라에 몰래 판 것을 찾아 ○ 하세요.

| 커피 | 아편 | 사탕수수 |

3 아편에 중독된 사람이 늘어나자 청나라가 한 일로 맞는 것을 모두 고르세요.   (,   )

① 영국에서 면직물을 많이 사들였어요.

② 청나라에 아편을 들여오지 못하게 했어요.

③ 영국 상인들을 감옥에 가두었어요.

④ 영국 상인들에게서 아편을 빼앗아 불태웠어요.

4 제1차 아편 전쟁에 대한 글을 읽고, 빈 곳에 알맞은 말을 쓰세요.

> 제1차 아편 전쟁에서 진 청나라는 영국이 자유롭게 무역하도록 ＿＿＿＿＿＿ 개
>
> 의 항구를 열었고 영국에게 ＿＿＿＿＿＿ 을 넘겨주었어요.

 용어풀이
- **아편** 덜 익은 양귀비 열매에 상처를 내 나오는 액을 말려 만든 약. 습관성이 강한 중독을 일으킴.
- **중독** 어떤 성분을 지나치게 먹어서 그것 없이는 생활하지 못하는 상태.
- **조약** 세부적인 항목을 세워 맺은 약속.
- **개방** 자유롭게 들어가거나 이용할 수 있도록 열어 놓음.

10 일차 다친 병사들을 간호한 나이팅게일

영국의 부유한 가정에서 자란 나이팅게일은 열일곱 살 때 평생 가난하고 병든 사람들을 돌보는 일을 하겠다고 마음먹었어요. 그래서 간호사가 되어 런던에 있는 작은 요양원[*]에서 일했어요.

그녀는 영국군이 참여한 크림 전쟁[*]에서 병사들이 러시아와 싸우다 부상을 입고 비참하게 죽어 간다는 소식을 들었어요.

"다친 병사들이 치료도 받지 못하고 죽어 가다니, 정말 불쌍해!"

나이팅게일은 자신과 같은 생각을 하는 간호사 38명과 함께 전쟁터로 갔어요. 그녀는 다친 병사들이 머무르는 야전 병원[*]에서 일했는데, 병원이 너무 지저분해 병사들의 병이 더 심해지는 것을 보고 자신의 돈으로 병원을 깨끗이 고쳤어요. 그러고는 다친 병사들을 정성껏 간호했어요. 덕분에 그녀가 병원에 온 뒤로는 다친 병사들 중에서 죽는 사람의 수가 눈에 띄게 줄어들었지요.

전쟁이 끝나고 영국으로 돌아온 나이팅게일은 군 병원을 새롭게 고치고, '나이팅게일 간호 학교'를 세웠어요. 수많은 목숨을 구하고, 깨끗한 의료 환경을 위해 노력한 그녀는 여성 최초로 영국 국왕에게 훈장을 받았어요.

1820년
나이팅게일이
태어남.

1860년
나이팅게일 간호 학교가
세워짐.

1910년
나이팅게일이 죽음.

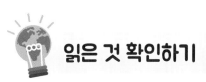 
1 나이팅게일의 직업은 무엇인지 찾아 ○ 하세요.

| 의사 | 간호사 | 약사 |

2 나이팅게일이 치료해 준 병사들이 참여했던 전쟁은 무엇인지 쓰세요.

✎ _____

3 나이팅게일에 대한 설명으로 맞으면 ○, 틀리면 ✕ 하세요.

(1) 영국의 부유한 가정에서 자랐어요. (   )

(2) 혼자서 크림 전쟁이 벌어진 전쟁터로 갔어요. (   )

(3) 야전 병원에서 부상당한 병사들을 간호했어요. (   )

(4) 여성 최초로 영국 국왕에게 훈장을 받았어요. (   )

4 전쟁이 끝나고 나이팅게일이 영국에 돌아와 세운 학교를 찾아 색칠하세요.

나이팅게일 군인 학교   나이팅게일 의사 학교   나이팅게일 간호 학교

용어 풀이
• **요양원** 환자들이 편히 쉬면서 몸을 보살피고 병을 치료하도록 시설을 갖추어 놓은 기관.
• **크림 전쟁** 1853년 러시아가 흑해로 진출하기 위해 영국, 프랑스 등의 연합군과 크림반도에서 벌인 전쟁.
• **야전 병원** 싸움터에서 다친 군인들을 치료하기 위해 전투 지역 가까운 곳에 설치하는 병원.

글을 읽고, 해당하는 낱말을 글자판에서 찾아 ⬭로 묶으세요.
낱말은 가로, 세로로 찾을 수 있어요.

가	나	이	팅	게	일
플	로	리	다	불	에
미	볼	힌	두	교	로
국	리	청	나	라	호
영	바	프	랑	스	나
국	르	멕	시	코	건

 아이티 사람들이 독립을 위해 맞서 싸운 나라예요.

 라틴 아메리카 북부의 독립 운동을 이끈 사람으로, '라틴 아메리카의 해방자'로 불려요.

 미국이 에스파냐로부터 싼값에 사들인 지역이에요.

 청나라와 아편 전쟁을 벌인 나라예요.

 제2차 아편 전쟁의 원인으로, 이 배에 올라 영국 국기를 내리게 한 사건이에요.

 크림 전쟁이 끝나고 영국으로 돌아와 간호 학교를 세운 간호사예요.

청바지는 어디에서 유래했을까?

전 세계 사람들이 즐겨 입는 청바지는 미국의 서부 개척 시대에 광부들이 입던 바지에서 유래했어. 캘리포니아에서 금광이 발견되자 수많은 광부가 서부로 몰려가 금을 캤지. 거친 작업 때문에 바지가 쉽게 해지자 광부들은 바지를 자주 꿰매 입었어. 그 모습을 본 리바이 스트라우스가 질긴 천막용 천으로 바지를 만들면 잘 해지지 않을 것이라 생각하고 작업용 바지를 만들어 내놓았는데, 이것이 바로 청바지의 시작이야. 청바지는 질기고 튼튼해서 광부들에게 아주 인기가 좋았고, 그 뒤 미국 곳곳으로 퍼져 나가 농부와 목동들이 즐겨 입는 옷이 되었어.

청바지 ▶

영국에 빼앗겼다 다시 찾은 홍콩

홍콩은 중국 대륙의 남동부에 있는 아주 번화한 항구 도시로, 구룡반도와 230여 개의 섬으로 이루어져 있어. 오늘날 홍콩은 중국 땅이지만, 1997년 이전에는 영국 땅이었어. 청나라가 제1차 아편 전쟁에서 지는 바람에 영국에 홍콩을 빼앗겼기 때문이지. 홍콩은 청나라 때까지는 작은 어촌에 불과했어. 그런데 영국의 식민지가 되면서 서양 문물을 가장 먼저 받아

들이며 빠르게 발전해 아시아 무역의 중심지가 되었지. 오랫동안 영국의 지배를 받던 홍콩은 1997년 7월에 영국이 홍콩을 중국에 돌려주면서 다시 중국 땅이 되었어.

◀ 홍콩

영국에 대항한 세포이의 항쟁

영국의 동인도 회사는 인도의 목화를 가져다 영국 공장에서 면직물로 만들어 인도에 싼값에 팔았어요. 값싼 영국 제품 때문에 면직물을 비롯한 인도의 산업은 무너졌고 많은 인도 사람이 일자리를 잃고 가난해졌지요.

영국의 동인도 회사는 군대를 모아 인도를 정복하는 데도 앞장섰어요. 동인도 회사에서는 '세포이'라고 불리는 인도 병사를 용병으로 고용*했는데, 세포이들은 영국 사람들에게 심한 차별을 받았어요.

"우리가 쓰는 총의 탄약 봉지에 소와 돼지의 기름을 바른다고?"

힌두교도와 이슬람교도가 대부분인 세포이들은 이 소문을 듣고 크게 화를 냈어요. 힌두교도는 소를 신성한 동물로, 이슬람교도는 돼지를 부정한 동물로 여겼기 때문에 자신들의 종교를 무시한다고 생각했지요. 분노한 세포이들은 영국군을 죽이고 반란을 일으켰어요. 영국의 지배로 고통받던 인도 국민도 함께 참여했는데, 이것이 '세포이의 항쟁*'이에요.

영국은 서아시아와 중국에 있던 군대를 불러들여 인도 사람들을 무자비하게 죽이고 항쟁을 진압했어요. 그러고는 동인도 회사를 없애고 영국령 인도 제국을 세워 직접 인도를 다스렸어요.

32

1857년
세포이의 항쟁이 시작됨.

1858년
무굴 제국이 멸망함.

1877년
영국령 인도 제국이 세워짐.

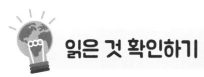

1 인도에서 가져간 목화로 면직물을 만든 뒤, 다시 인도에 싼값에 판 영국 회사의 이름을 쓰세요.

✎ _____

2 동인도 회사가 용병으로 고용한 인도 병사를 무엇이라고 하는지 알맞은 글자를 모두 찾아 색칠하세요.

| 세 | 제 | 포 | 고 | 이 | 으 |

3 세포이의 항쟁에 대한 설명으로 맞으면 ◯, 틀리면 ✕ 하세요.

(1) 세포이들의 종교를 무시한다고 생각해 일으킨 반란이에요.　　(　　　　)

(2) 동인도 회사에 고용된 인도 병사들만 참여했어요.　　(　　　　)

(3) 영국 군대에 진압되었어요.　　(　　　　)

4 세포이의 항쟁의 결과로 일어난 일을 모두 고르세요.　　(　　　,　　　)

① 인도 사람들이 돈을 많이 벌게 되었어요.

② 영국이 동인도 회사를 없앴어요.

③ 영국이 인도에서 물러갔어요.

④ 영국이 영국령 인도 제국을 세우고 인도를 직접 다스렸어요.

🔍 용어
풀이
· **고용** 돈을 주고 사람에게 일을 시킴.
· **부정** 깨끗하지 않음. 또는 그런 것.
· **항쟁** 맞서 싸움.

12일차 미국 남부와 북부의 대립이 가져온 남북 전쟁

서부 개척으로 넓은 땅을 차지한 미국은 빠르게 발전했어요. 남부는 목화 농업이 발달했고, 북부는 공장에서 물건을 만들어 파는 공업과 상업이 발달했는데, 이 때문에 남부와 북부는 여러 문제로 갈등을 겪었어요.

남부는 넓은 농장에서 일할 흑인 노예가 필요했기 때문에 노예제를 유지하기를 원했어요. 하지만 북부는 흑인 노예들이 자유로워지면 그들을 데려다 공장에서 싼값으로 일을 시킬 수 있기 때문에 노예제를 없애기를 바랐어요.

남부와 북부는 외국과 물건을 사고팔 때 내는 세금에 대해서도 생각이 달랐어요. 남부는 세금을 낮추어 영국에 목화를 더 많이 팔고 영국 제품을 더 싸게 사기를 원했어요. 하지만 북부는 외국과 사고파는 물건에 높은 세금을 매겨 미국의 산업을 보호하려고 했지요.

이렇게 남북이 대립하는 가운데 노예제를 반대하는 북부 출신의 링컨*이 미국의 대통령으로 뽑혔어요. 그러자 남부의 11개 주가 연방에서 탈퇴*했고, 1861년 남부가 섬터 요새*를 공격하면서 남북 전쟁이 시작되었어요. 처음에는 남부가 이기는 듯했지만, 게티즈버그* 전투에서 북부가 크게 이겨 남부가 항복하면서 전쟁은 끝이 났어요.

▲ 남북 전쟁이 일어난 섬터 요새

1860년	1861년	1865년
링컨이 대통령에 당선됨.	남북 전쟁이 시작됨.	남북 전쟁이 끝남.

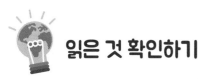

읽은 것 확인하기

1 미국의 남부와 북부 중 어느 지역에 대한 설명인지 찾아 줄로 이으세요.

공업과 상업이 발달했어요. •   • 남부

목화 농업이 발달했어요. •   • 북부

2 남부 사람들이 노예제를 유지하려고 한 이유를 고르세요.   (   )

① 넓은 농장에서 일할 노예가 필요했기 때문이에요.

② 공장에서 일을 시키려고 했기 때문이에요.

③ 군대를 대신 갈 사람이 필요했기 때문이에요.

3 남북 전쟁에 대한 글을 읽으면서 알맞은 말에 ◯ 하세요.

> 노예제를 반대하는 (워싱턴 / 링컨)이 미국의 대통령으로 뽑히자 (남부 / 북부)의
> 11개 주가 연방에서 탈퇴했고, 1861년 남북 전쟁이 시작되었어요.

4 1861년 시작된 남북 전쟁에서 이긴 쪽은 어디인지 쓰세요.

✎ _____

용어
풀이

- **링컨** 미국의 제16대 대통령으로, 남북 전쟁에서 북군을 지도함.
- **탈퇴** 소속해 있던 조직이나 단체에서 관계를 끊고 나옴.
- **섬터 요새** 미국 사우스캐롤라이나주에 있는 요새. 남북 전쟁 당시에 미국 연방 정부가 차지하고 있었음.
- **게티즈버그** 미국 펜실베이니아주 남쪽에 있는 도시. 남북 전쟁에서 격렬한 싸움이 벌어진 곳임.

노예 해방을 선언한 링컨 대통령

　미국의 제16대 대통령인 링컨은 1809년 미국 켄터키주의 한 가난한 가정에서 태어났어요. 어려서부터 바쁜 농사일을 돕느라 학교에 다니지 못했지만, 혼자 힘으로 공부하며 손에서 책을 놓지 않았지요.

　청년이 된 링컨은 주 의회의 의원*으로 뽑혀 8년 동안 서민을 위한 정치가로 성실히 활동했어요. 링컨은 1858년 일리노이주 상원* 의원 선거에 나가 노예제에 대한 자신의 생각을 밝혔어요.

　"모든 인간은 평등하게 태어났고, 인간이 다른 사람을 노예로 만들 권리는 없습니다."

　링컨은 비록 선거에서는 졌지만 훌륭한 연설로 많은 사람의 마음을 사로잡았어요. 이후 1860년에 미국의 대통령으로 뽑혔어요.

　링컨이 대통령이 되고 얼마 지나지 않아 남북 전쟁이 벌어졌어요. 처음에는 북부가 남부에게 지고 있었어요.

　"1863년 1월 1일부터 노예들은 영원히 자유의 몸이 될 것입니다."

　전쟁이 한창이던 1863년에 링컨은 '노예 해방 선언'을 발표했고, 그 뒤 전세*가 뒤집혀 북부가 전쟁에서 이겼어요. 하지만 안타깝게도 링컨은 1865년에 극장에서 연극을 보다가 총에 맞아 죽고 말았어요.

▲ 링컨

1809년
링컨이 태어남.

1860년
링컨이 대통령에 당선됨.

1863년
링컨이 노예 해방 선언을 발표함.

1865년
링컨이 죽음.

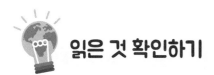

읽은 것 확인하기

1 미국의 제16대 대통령으로, 노예 해방을 선언한 사람은 누구인지 이름을 쓰세요.

✎ _____

2 노예제에 대한 링컨의 연설을 읽으면서 알맞은 말에 ○ 하세요.

> "모든 인간은 (불평등 / 평등)하게 태어났고, 인간이 다른 사람을 노예로 만들 권리
> 는 (있습니다 / 없습니다)."

3 링컨이 1863년에 발표한 것으로 남북 전쟁에 영향을 준 선언은 무엇인지 찾아 ○ 하세요.

노예 추방 선언	노예 해방 선언	북부 해방 선언

4 링컨에 대한 글을 읽고, '맞아요'와 '틀려요' 중에서 알맞은 쪽에 색칠하세요.

• 부유한 가정에서 태어났어요.	맞아요	틀려요
• 주 의회의 의원이 되어 서민 정치가로 활동했어요.	맞아요	틀려요
• 노예제를 반대했어요.	맞아요	틀려요
• 전쟁에서 총에 맞아 죽었어요.	맞아요	틀려요

🔍 용어
풀이
• **의원** 국회나 지방 의회의 구성원으로서 어떤 일에 대해 결정할 수 있는 권리를 가진 사람.
• **상원** 국회를 두 개의 조직으로 구성하는 제도에서 하원과 더불어 국회를 구성하는 의원. 미국은 각
주의 대표로 구성되어 있음.
• **전세** 전쟁이 되어 가는 상태나 결과.

유럽에 아프리카를 알린 리빙스턴

스코틀랜드의 선교사인 리빙스턴은 아프리카에서 선교 활동을 하던 모펫 목사의 권유로 1841년 남아프리카에 갔어요. 리빙스턴은 남아프리카에서 원주민들에게 크리스트교를 알리고, 의료 활동을 펼치며 농사짓는 방법을 가르쳐 주기도 했어요. 또 틈틈이 유럽 사람들이 가 보지 않은 아프리카 내륙*을 탐험했어요.

리빙스턴은 아프리카의 칼라하리 사막*을 횡단*하고, 잠베지강과 빅토리아 폭포 등을 발견했어요. 또 유럽 사람 최초로 남아프리카를 동서로 가로지르는 업적을 이루었지요. 리빙스턴은 아프리카 원주민들이 노예로 팔리는 모습을 본 뒤로 노예 무역을 반대하기도 했어요.

영국으로 돌아온 리빙스턴은 《남아프리카 전도* 여행기》라는 책을 썼어요. 이 책은 유럽 사람들에게 아프리카를 알리는 역할을 했어요. 리빙스턴은 영국 정부의 요청으로 또다시 아프리카를 탐험하고 《잠베지강과 그 지류*》라는 책도 썼어요.

1866년에 다시 아프리카로 간 리빙스턴은 탐험을 계속하다 1873년 병에 걸려 아프리카에서 세상을 떠났어요.

1841년
리빙스턴이
아프리카에 처음 감.

1857년
리빙스턴이 《남아프리카
전도 여행기》를 펴냄.

1873년
리빙스턴이 죽음.

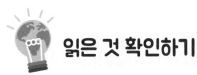

읽은 것 확인하기

1 리빙스턴이 남아프리카에서 원주민들에게 한 일이 <u>아닌</u> 것을 고르세요. ( )

① 크리스트교를 알렸어요.

② 의료 활동을 펼쳤어요.

③ 원주민들을 노예로 팔았어요.

④ 농사짓는 방법을 가르쳐 주었어요.

2 리빙스턴이 한 일의 순서에 맞게 번호를 쓰세요.

• 모펫 목사의 권유로 남아프리카로 갔어요. ( )
• 남아프리카에 대한 책을 썼어요. ( )
• 칼라하리 사막을 횡단했어요. ( )

3 리빙스턴에 대한 글을 읽으면서 알맞은 말에 ○ 하세요.

리빙스턴은 유럽 사람 최초로 (북아프리카 / 남아프리카)를 동서로 가로지르는 업적을 이루었어요.

4 리빙스턴이 쓴 책을 모두 찾아 ○ 하세요.

《남아프리카 전도 여행기》	《빅토리아 폭포 이야기》	《잠베지강과 그 지류》

• **내륙** 바다에서 멀리 떨어진 육지.
• **칼라하리 사막** 아프리카 남부에 있는 사막.
• **횡단** 대륙이나 대양 등을 가로 방향으로 질러서 지남.
• **전도** 교리를 세상에 널리 알려 사람들에게 종교를 믿게 함.
• **지류** 강의 큰 줄기로 흘러 들어가거나 큰 줄기에서 나오는 작은 물줄기.

15 일차 유럽에 땅을 빼앗긴 아프리카

리빙스턴을 비롯한 많은 사람이 아프리카를 탐험하면서 유럽에 아프리카가 널리 알려졌어요. 유럽 사람들은 아프리카를 주인 없는 땅이라고 생각하고 아프리카를 침략하기 시작했어요.

벨기에의 국왕인 레오폴드 2세는 나라를 부유하게 만들려면 식민지를 가져야 한다고 생각했어요. 그래서 아프리카를 탐험한 스탠리*를 앞세워 콩고로 쳐들어가 원주민에게서 땅을 빼앗고 식민지로 만들었어요.

이 소식을 들은 유럽 나라들은 1884년에 베를린에 모여 회의를 열고, 벨기에처럼 아프리카에서 점령한 땅은 가져도 좋다고 결정을 내렸어요.

"다른 나라가 먼저 식민지로 삼은 아프리카 땅은 서로 건드리지 맙시다."

그 뒤 유럽 여러 나라는 앞다투어 아프리카 땅을 차지했어요. 그러다가 영국과 프랑스가 파쇼다*라는 지역의 땅을 서로 차지하려고 충돌했는데, 이것을 '파쇼다 사건'이라고 해요. 파쇼다 사건 이후 유럽 나라들은 서로 협상*하며 아프리카를 나누어 가졌어요. 이렇게 라이베리아와 에티오피아*를 뺀 모든 아프리카의 땅이 유럽 나라들의 식민지가 되었어요.

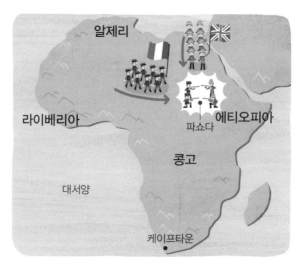

▲ 파쇼다에서 충돌한 영국과 프랑스

1884년~1885년
유럽 나라들이
베를린에서 회의함.

1898년
파쇼다 사건이 일어남.

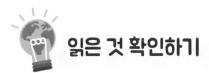

읽은 것 확인하기

1 벨기에가 콩고를 식민지로 만드는 데 도움을 준 탐험가를 찾아 ○ 하세요.

리빙스턴	마젤란	스탠리

2 1884년 유럽 여러 나라가 베를린에서 회의한 내용에 대해 바르게 말한 아이를 찾아 이름에 ○ 하세요.

도연   아프리카에서 모두 떠나자고 했어요.

현빈   다른 나라가 먼저 식민지로 삼은 아프리카 땅은 건드리지 말자고 했어요.

나래   아프리카 땅을 서로 똑같이 나누어 가지자고 했어요.

3 유럽 나라들이 아프리카를 식민지로 삼은 내용의 글을 읽고, 빈 곳에 공통으로 들어갈 말을 쓰세요.

영국과 프랑스가 아프리카의 _____라는 지역의 땅을 서로 차지하려

고 충돌했는데, 이것을 '_____ 사건'이라고 해요.

4 아프리카에서 유럽 나라들의 식민지가 되지 <u>않은</u> 곳을 모두 찾아 ⎧⎩로 묶으세요.

이집트   **라이베리아**   **나이지리아**

         콩고   **에티오피아**

• **스탠리** 영국의 탐험가이자 신문 기자.

• **파쇼다** 아프리카 수단 남부에 있는 지역.

• **협상** 서로 다른 의견을 가진 집단이 모여 문제를 해결하고 결정을 하기 위해 의논함.

• **라이베리아** 아프리카 서부 사하라 사막 서남쪽에 있는 공화국.

• **에티오피아** 아프리카 동부에 있는 나라.

낱말 퍼즐

글을 읽고, 해당하는 낱말을 글자판에서 찾아 ◯ 로 묶으세요.
낱말은 가로, 세로로 찾을 수 있어요.

콩	고	가	봉	인	도
일	스	목	화	농	업
본	탠	파	인	애	플
돼	리	리	빙	스	턴
지	캘	리	포	니	아
콩	게	티	즈	버	그

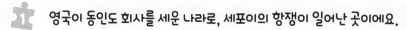

1 영국이 동인도 회사를 세운 나라로, 세포이의 항쟁이 일어난 곳이에요.

2 이슬람교도들이 부정하다고 여기는 동물이에요.

3 남북 전쟁 이전에 미국 남부에서 발달한 농업이에요.

4 미국 펜실베이니아주 남쪽에 있는 도시로, 남북 전쟁 때 북부가 크게 이긴 곳이에요.

5 남아프리카로 건너가 원주민을 돕고 《남아프리카 전도 여행기》를 쓴 사람이에요.

6 벨기에가 식민지로 만든 아프리카의 땅이에요.

노예 제도의 비참함을 고발한 소설

1850년 미국에서는 도망치는 노예를 도와준 사람을 벌하는 '도망 노예법'이 의회를 통과했어. 이에 분노를 느낀 미국의 소설가 해리엇 비처 스토는 《톰 아저씨의 오두막》이라는 소설을 펴냈어. 소설은 흑인 노예 톰이 백인 농장 주인에게 학대를 당하다 병에 걸려 죽는 내용으로, 흑인 노예의 비참한 생활을 다루었지. 소설은 아주 많이 팔렸고, 덕분에 사람들이 노예제의 잔인함을 깨달아 노예제를 반대하는 운동에 참여하게 되었대.

아프리카에서 백인들끼리 싸운 보어 전쟁

17세기 중반부터 남아프리카의 케이프 지역에는 네덜란드 사람들이 옮겨 와 살았는데, 이들을 '보어인'이라고 해. 그런데 아프리카 땅을 욕심내던 영국 사람들이 보어인들이 사는 곳을 점령했어. 보어인들은 영국을 피해 케이프의 동북쪽으로 옮겨 가 '오렌지 자유국'과 '트란스발 공화국'을 세웠지. 오렌지 자유국과 트란스발 공화국에서 다이아몬드와 금이 발견되자 영국은 이곳을 빼앗으려고 전쟁을 벌였는데, 이것을 '보어 전쟁'이라고 해. 보어인들은 영국에 끈질기게 저항했지만 전쟁에 지고 말았단다.

유럽으로부터 땅을 지키려는 아프리카

19세기 말 유럽 나라들은 아프리카 대부분을 식민지로 만들고, 금, 다이아 몬드, 고무, 상아* 등을 빼앗아 갔어요. 아프리카 원주민들은 자신들의 땅을 지키기 위해 유럽 나라들에 맞서 싸웠지요.

프랑스 군대의 침략을 받은 알제리는 30여 년 동안 프랑스에 맞서 싸웠어요. 또 이집트와 영국의 지배를 받고 있던 수단에서는 '마흐디 운동'이 일어났어요. 무함마드 아흐마드가 자신이 '마흐디(구세주*)'라고 주장하면서, 수단에서 영국 사람과 이집트 사람을 몰아내고 수단을 진정한 이슬람 국가로 만들려고 했지요. 마흐디 운동은 15년 이상 계속되었지만 영국과 이집트의 군대에게 결국 무릎을 꿇었어요.

독일의 식민지가 된 나미비아와 탄자니아의 원주민들은 독일에 맞서 싸웠어요. 하지만 최신식 무기를 가진 독일 군대에 수많은 원주민이 죽임을 당했지요.

다른 아프리카 나라들과는 달리 에티오피아는 유럽 나라의 침략을 막아 냈어요. 에티오피아의 황제 메넬리크 2세는 유럽에서 무기를 들여오고, 유럽 출신의 교관*에게 군대의 훈련을 맡겨 군사력을 키웠어요. 그래서 에티오피아의 아두와 지역을 침략한 이탈리아 군대를 물리치고 독립을 지켜 냈지요.

1881년
수단에서 마흐디
운동이 일어남.

1896년
에티오피아군이
아두와 전투에서 이김.

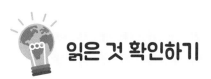
1 유럽 나라들이 아프리카에서 빼앗아 간 것이 <u>아닌</u> 것을 찾아 ◯ 하세요.

금	고무	철	다이아몬드

2 수단에 대한 글을 읽고, '맞아요'와 '틀려요' 중에서 알맞은 쪽에 색칠하세요.

- 이집트와 영국의 지배를 받았어요.　　　　　맞아요　틀려요

- 마흐디 운동이 일어났어요.　　　　　　　맞아요　틀려요

- 영국과 이집트를 이기고 독립했어요.　　　맞아요　틀려요

3 아프리카 나라들은 각각 어떤 나라에 맞서 싸웠는지 찾아 줄로 이으세요.

알제리	●	●	독일
나미비아	●	●	프랑스

4 에티오피아에 대한 글을 읽고, 빈 곳에 알맞은 말을 쓰세요.

에티오피아의 황제 _____ 가 유럽에서 무기를 들여오고,

유럽 출신의 교관에게 군대의 훈련을 맡겨 군사력을 키운 덕분에 에티오피아를 침략

한 _____ 군대를 물리치고 독립을 지켜 냈어요.

🔍 **용어풀이**
- **상아** 코끼리의 입 밖으로 길고 날카롭게 뻗은 두 개의 엄니.
- **구세주** 세상을 어려움이나 고통에서 벗어나게 하는 위대한 사람이나 신.
- **교관** 군대에서 군사들을 교육하거나 훈련하는 일을 맡은 장교.

17 일차 이집트에 건설된 수에즈 운하

　19세기 중반의 이집트는 오스만 제국의 총독*인 무함마드 사이드가 다스리고 있었어요. 어느 날, 프랑스의 외교관인 레셉스가 사이드에게 제안을 했어요.

　"이집트 동북부에 홍해*와 지중해를 잇는 수에즈 운하를 만드십시오. 그러면 유럽의 나라들이 아시아로 갈 때 이 운하를 이용할 것입니다. 이들에게 돈을 받으면 이집트는 많은 돈을 벌게 될 것입니다."

　사이드는 레셉스에게 운하 공사를 맡겼어요. 운하를 건설하는 데에는 돈과 일할 사람이 아주 많이 필요했어요. 이집트는 영국과 프랑스에 돈을 빌려 공사를 시작했고, 수많은 이집트 사람이 강제로 운하 건설에 끌려가 일을 했어요.

　공사를 시작한 지 10년 뒤 수에즈 운하가 완성되었어요. 수에즈 운하를 이용하면서 아프리카로 돌아가는 것보다 훨씬 빠르게 유럽과 아시아를 오갈 수 있게 되었지요.

　이집트는 수에즈 운하를 건설하느라 나라의 돈을 다 써 버려서 프랑스와 영국에 빌린 돈을 갚지 못했어요. 그래서 수에즈 운하를 탐내고 있던 영국에게 수에즈 운하 운영권*을 넘겨줄 수밖에 없었답니다.

▲ 수에즈 운하

1859년
수에즈 운하 건설을 시작함.

1869년
수에즈 운하가 완성됨.

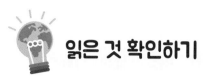 **읽은 것 확인하기**

1 홍해와 지중해를 잇는 운하는 무엇인지 이름을 쓰세요.

🖋

---

2 이집트가 수에즈 운하 건설에 필요한 돈을 어느 나라에서 빌렸는지 모두 찾아 ◯ 하세요.

수단	프랑스	에스파냐	영국

3 수에즈 운하에 대한 설명으로 <u>틀린</u> 것을 고르세요.   (   )

① 이집트에 건설된 운하예요.

② 무함마드 사이드가 레셉스의 제안으로 만들기 시작했어요.

③ 영국와 프랑스의 국민들이 직접 운하를 건설했어요.

④ 유럽과 아시아를 훨씬 빠르게 오갈 수 있게 해 주었어요.

4 사건이 일어난 순서에 맞게 번호를 쓰세요.

- 레셉스가 오스만 제국의 총독에게 운하를 만들 것을 제안했어요.   (   )
- 이집트가 프랑스와 영국에 빌린 돈을 갚지 못했어요.   (   )
- 이집트가 수에즈 운하 운영권을 영국에 넘겼어요.   (   )
- 이집트는 영국과 프랑스에 돈을 빌려 공사를 시작했어요.   (   )

🔍 **용어풀이**

• **총독** 식민지 통치 기구의 우두머리로 정치, 경제, 군사의 모든 통치권을 가지고 다스림.

• **홍해** 아프리카 동북부와 아라비아반도 사이에 있는 바다.

• **운영권** 조직이나 기구, 사업체 등을 관리하고 운영하는 권리.

18일차 독일의 통일을 이끈 비스마르크

19세기 독일은 수십 개의 작은 나라로 나누어져 '독일 연방'을 이루고 있었어요. 이 나라들 중에서 오스트리아와 프로이센이 가장 강했지요.

1861년 프로이센의 왕이 된 빌헬름 1세는 프로이센을 강한 나라로 키워 독일을 통일하고 싶었어요. 그래서 1862년에 비스마르크*를 수상*으로 임명하고, 독일의 통일을 이끌도록 했어요. 비스마르크는 독일의 통일을 위해 강력한 군대가 필요하다고 생각했어요.

"독일의 통일은 오로지 철과 피로써만 이룰 수 있습니다."

비스마르크의 말에서 철은 '무기'를, 피는 '희생'을 뜻했어요. 이 말 때문에 사람들은 비스마르크를 '철혈* 재상'이라고 불렀어요.

군대를 키운 비스마르크는 1866년 독일의 통일에 방해가 되는 오스트리아를 공격해 7주 만에 무너뜨렸어요. 그리고 1870년에는 프랑스에 쳐들어가 프랑스군을 굴복시켰어요.

1871년 빌헬름 1세는 프랑스의 베르사유 궁전에서 독일 제국의 탄생을 선포하고, 황제 자리에 오르는 의식을 치렀어요. 이로써 독일 연방은 하나로 통일되었어요.

1862년
비스마르크가
수상이 됨.

1866년
프로이센이
오스트리아를 무찌름.

1871년
독일 제국이 탄생함.

읽은 것 확인하기

1 프로이센의 왕 빌헬름 1세가 독일을 통일하기 위해 수상으로 임명한 사람의 이름을 쓰세요.

🖉 _____

2 비스마르크에 대한 설명으로 맞는 것을 모두 고르세요.　　　　　　　(　　 , 　　)

① 프로이센의 왕이었어요.

② 독일의 통일을 위해 강력한 군대가 필요하다고 생각했어요.

③ 철혈 재상으로 불렸어요.

④ 군대를 이끌고 오스트리아와 싸웠지만 졌어요.

3 비스마르크에 대한 글을 읽으면서 알맞은 말에 ◯ 하세요.

비스마르크는 독일의 통일은 오로지 철과 피로써만 이룰 수 있다고 말했어요. 이 말에서 철은 (무기 / 책)를(을), 피는 (희생 / 사랑)을 뜻해요.

4 독일 제국 탄생에 대한 글을 읽고, 빈 곳에 알맞은 말을 쓰세요.

프로이센의 왕인 _____ 는 _____ 궁전에서

독일 제국이 탄생했음을 선포하고, 황제 자리에 올랐어요.

- **빌헬름 1세** 프로이센의 왕이며 독일 제국의 제1대 황제.

- **비스마르크** 독일의 정치가. 프로이센의 수상이 되어 독일의 통일을 완성함.

- **수상** 나라의 정책을 결정하고 정치나 사무를 보는 최고 책임자.

- **철혈** 철과 피라는 뜻으로, 전쟁에서 쓰는 무기와 희생을 빗대어 이르는 말.

오스만 제국의 근대화 노력

세 대륙에 걸쳐 드넓은 땅을 차지했던 오스만 제국은 유럽 나라들에게 땅을 빼앗기며 서서히 기울어 19세기에는 영토가 크게 줄고 힘이 약해졌어요. 영국, 프랑스, 러시아는 오스만 제국의 땅을 빼앗으려 했고, 오스만 제국의 지배를 받던 다른 민족들은 끊임없이 독립하려고 했지요.

오스만 제국은 위기를 극복하기 위해 지배층*이 중심이 되어 '탄지마트'라는 개혁을 실시했어요. '탄지마트'는 '은혜를 베푸는 개혁'이라고도 해요. 이 개혁으로 오스만 제국의 모든 사람에게 자유와 평등을 보장한다는 내용을 담은 헌법과 의회가 만들어졌어요. 또 군대 조직과 교육 제도도 유럽식으로 바꾸었어요. 하지만 개혁을 반대하는 세력과 유럽 나라들의 간섭으로 개혁은 성공하지 못했어요. 게다가 1878년 오스만 제국이 러시아와의 전쟁에서 지고 영토를 빼앗기자, 위기를 느낀 술탄은 의회를 없애고 국가 권력을 장악했어요.

그러자 이에 반발한 젊은 지식인들과 청년 장교들이 청년 튀르크당*을 만들어 혁명을 일으키고 권력을 잡았어요. 청년 튀르크당은 의회와 헌법을 부활시키고 오스만 제국을 근대화하려고 노력했어요.

우리도 유럽 나라들처럼 개혁을 합시다!

1839년
탄지마트 개혁이
시작됨.

1908년
청년 튀르크당이
권력을 잡음.

읽은 것 확인하기

1 19세기에 오스만 제국이 처한 상황으로 맞는 것을 모두 고르세요. (,)

① 네 개의 대륙을 지배하고 있었어요.

② 영국, 프랑스, 러시아가 오스만 제국의 땅을 빼앗으려고 했어요.

③ 러시아와 여러 번 싸워서 승리했어요.

④ 오스만 제국의 지배를 받던 다른 민족들이 끊임없이 독립하려고 했어요.

2 19세기에 오스만 제국의 지배층이 중심이 되어 실시한 개혁의 이름을 쓰세요.

3 탄지마트에 대한 글을 읽고, '맞아요'와 '틀려요' 중에서 알맞은 쪽에 색칠하세요.

- '은혜를 베푸는 개혁'이라고도 해요. 　　　　　　맞아요　　틀려요

- 헌법과 의회를 없앴어요. 　　　　　　맞아요　　틀려요

- 군대 조직과 교육 제도를 유럽식으로 바꾸었어요. 　　　　맞아요　　틀려요

- 개혁이 성공해 오스만 제국이 근대화를 이루었어요. 　　　맞아요　　틀려요

4 술탄이 국가 권력을 장악하자 젊은 지식인들과 청년 장교들이 만든 당을 찾아 ○ 하세요.

청년 튀르크당	청년 오스만당	청년 이슬람당

- **지배층** 정치적, 경제적, 사회적으로 다른 사람이나 집단에 대해 지배적인 힘을 가진 계층.

- **청년 튀르크당** 술탄인 압둘 하미드 2세가 자기 뜻대로 정치를 하자 이에 반대하여 만들어진 단체.

20 일차 인류의 삶을 바꾼 놀라운 발명과 발견

19세기에는 인류 역사에서 아주 중요한 발명이 많이 이루어졌어요.

1866년에 스웨덴의 과학자 노벨은 다이너마이트*를 발명했어요. 당시에는 철도나 도로를 건설할 때 사람의 힘으로 바위를 깨뜨리거나 산을 무너뜨렸어요. 그런데 다이너마이트가 발명되면서 바위나 산을 쉽게 깨뜨릴 수 있게 되었지요. 다이너마이트는 운반하기 쉽고 폭발력도 좋아 건설 현장이나 광산에서 많이 사용되었어요.

1879년에 미국의 발명가 에디슨은 백열전등*을 발명했어요. 기존에 있던 등은 빛을 오랫동안 내지 못했지만, 백열전등은 40시간 넘게 빛을 낼 수 있었어요. 백열전등의 발명으로 밤에도 낮처럼 환하게 빛을 밝힐 수 있게 되었지요.

1885년 독일의 기술자 벤츠는 바퀴 3개로 움직이는 휘발유* 자동차를 발명했어요. 그로 인해 보다 많은 사람들이 자동차를 편하게 이용하게 되었어요.

1895년에는 독일의 과학자 뢴트겐이 엑스(X)선을 발견했어요. 엑스선은 물체를 통과하는 신비한 광선*이었어요. 엑스선을 이용해 사람의 몸을 찍으면 몸속 뼈의 모습을 알 수 있어서 엑스선의 발견은 의학이 발전하는 데 큰 도움을 주었어요.

▲ 에디슨

1866년
다이너마이트가 발명됨.

1879년
백열전등이 발명됨.

1885년
휘발유 자동차가 발명됨.

1895년
엑스선이 발견됨.

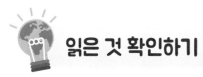

1 다이너마이트에 대한 글을 읽으면서 알맞은 말에 ◯ 하세요.

> 스웨덴의 과학자인 (노벨 / 에디슨)은 다이너마이트를 발명했어요. 다이너마이트는 폭발력이 좋아서 건설 현장이나 (식당 / 광산)에서 많이 사용되었어요.

2 다음 물건을 발명한 사람을 〈보기〉에서 찾아 기호를 쓰세요.

> **보기**
>
> ㉠ 벤츠   ㉡ 노벨   ㉢ 에디슨   ㉣ 뢴트겐

(1) 백열전등   (   )

(2) 휘발유 자동차   (   )

3 독일의 과학자 뢴트겐이 발견한 광선은 무엇인지 찾아 ◯ 하세요.

엑스선	자외선	감마선

4 엑스선에 대한 설명으로 맞는 것을 모두 고르세요.   (,   )

① 물체를 통과하는 광선이에요.

② 사람 몸은 통과할 수 없어요.

③ 엑스선을 이용하면 몸속 뼈의 모습을 알 수 있어요.

④ 철학이 발전하는 데 큰 도움을 주었어요.

용어풀이
- **다이너마이트** 강력한 폭발력을 지닌 액체를 안전하게 사용할 수 있도록 만든 폭발약.
- **백열전등** 가스가 들어 있는 둥근 모양의 유리 속에 전류를 흘려 빛을 내는 백열전구를 쓰는 등.
- **휘발유** 석유에서 뽑아낸 연료. 자동차나 비행기 등에 사용됨.
- **광선** 물체에서 뻗어 나오는 빛.

글을 읽고, 해당하는 낱말을 글자판에서 찾아 ◯로 묶으세요.
낱말은 가로, 세로로 찾을 수 있어요.

프	로	이	센	초	전
스	웨	덴	수	상	화
린	트	겐	고	퀴	백
외	이	에	무	리	열
교	집	디	상	부	전
관	트	슨	아	인	등

1. 코끼리의 입 밖으로 길게 뻗은 엄니로, 유럽 사람들이 아프리카에서 빼앗아 간 것 중 하나예요.

2. 홍해와 지중해를 잇는 수에즈 운하가 건설된 나라예요.

3. 프로이센의 왕인 빌헬름 1세가 비스마르크를 임명한 직책이에요.

4. 19세기에 수십 개로 나누어져 있던 독일 연방을 하나로 통일한 나라예요.

5. 에디슨이 발명한 것으로, 이것 덕분에 밤에도 낮처럼 환하게 빛을 밝힐 수 있게 되었어요.

6. 물체를 통과하는 신비한 광선인 엑스선을 발견한 독일의 과학자예요.

노벨의 유언으로 만들어진 노벨상

노벨은 다이너마이트를 발명해 큰돈을 벌었어. 그는 죽기 전에 자신의 이름을 딴 상을 만들고 싶어 했어. 노벨은 자신의 재산으로 기금을 만들어 인류에게 가장 이롭거나 도움이 될 만한 일을 한 사람과 단체에게 상금을 주라고 유언했지. 그래서 1901년에 '노벨상'이 만들어졌어. 노벨상은 물리학, 화학, 생리학 및 의학, 경제학, 문학, 평화의 여섯 개 부문에서 해마다 뛰어난 업적을 세운 사람이나 단체에 주어지는데, 매년 12월 10일 노벨이 죽은 날에 시상을 한대.

▲ 노벨상 메달

커피를 즐기는 오스만 제국 사람들

예멘 지방에서 유행하던 커피가 16세기 이스탄불에 전해진 뒤부터 오스만 제국 사람들은 커피를 즐겨 마셨어. 이슬람교에서는 술을 마시지 못하게 했기 때문에 이슬람교를 믿는 오스만 제국 사람들은 술 대신 커피를 마셨지.

오스만 제국 사람들은 튤립이 핀 정원에서 커피를 마시며 이야기를 나누는 것을 즐겼어. 커피를 얼마나 좋아했던지 결혼하려는 남자는 여자가 끓여 준 커피 맛을 보고 결혼을 결정할 정도였다고 해.

일본을 근대화로 이끈 메이지 유신

1853년 일본 항구에 미국 군인 페리가 이끄는 함대가 들어와 항구를 개방하고 무역을 하자고 요구했어요. 당시 일본을 다스리던 에도 막부는 그들의 요구를 들어주지 않으면 청나라의 아편 전쟁처럼 전쟁이 날지 모른다고 생각했어요. 그래서 전쟁을 피하기 위해 미국과 조약을 맺고 항구를 개방했지요.

에도 막부가 항구를 개방하자 천황과 다이묘들은 일본에 불리한 조약을 맺었다고 에도 막부를 비판했어요. 또 서양 물건이 들어오면서 수공업자들이 망하고 물건 가격이 오르자, 살기 어려워진 백성의 불만은 커져 갔지요.

그러자 불만을 가진 지방 무사들이 들고일어나 에도 막부를 무너뜨렸어요. 그리고 메이지 천황을 중심으로 하는 새 정부를 세워 나라를 개혁해 갔는데, 이것을 '메이지 유신*'이라고 해요.

메이지 천황이 이끄는 정부는 나라의 권력이 중앙 정부에 집중되도록 제도를 고치고, 신분에 따른 차별을 없앴어요. 또 서양 문물과 기술을 적극적으로 받아들이고 서양식 군대를 키웠으며, 백성에게 서양식 교육을 받게 했어요. 이로 인해 일본이 아시아에서 최초로 근대화를 이루게 된 것이지요.

1854년
에도 막부가
항구를 개방함.

1868년
메이지 유신이 시작됨.

1889년
일본 제국 헌법을 만듦.

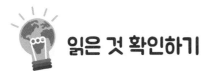 

1   1853년 일본에 함대를 끌고 와 항구를 개방하라고 요구한 나라를 찾아 ◯ 하세요.

영국	미국	중국

2   일본에 서양 물건이 들어오자 백성의 불만이 커진 이유로 맞으면 ◯, 틀리면 ✕ 하세요.

(1) 농업이 발전했기 때문이에요.   (   )

(2) 수공업자들이 망했기 때문이에요.   (   )

(3) 물건 가격이 올랐기 때문이에요.   (   )

(4) 서양 물건은 쓰기에 불편했기 때문이에요.   (   )

3   메이지 유신에 대한 글을 읽고, 빈 곳에 알맞은 말을 쓰세요.

> 지방 ＿＿＿＿＿＿＿＿ 들이 에도 막부를 무너뜨리고, ＿＿＿＿＿＿＿＿ 천
> 황을 중심으로 하는 새 정부를 세운 뒤 나라를 개혁해 갔는데, 이것을 '메이지 유신'
> 이라고 해요.

4   메이지 천황이 이끄는 정부가 한 일이 <u>아닌</u> 것을 고르세요.   (   )

① 신분에 따른 차별을 없앴어요.

② 서양 문물과 기술을 적극적으로 받아들였어요.

③ 서양식 군대를 키웠어요.

④ 백성에게 일본 전통 교육을 받게 했어요.

 • 유신 낡은 제도나 체제를 고쳐 새롭게 함.

22 일차 청나라를 공격한 일본

근대화를 이룬 일본은 땅을 점점 넓혀 가면서 조선을 욕심내기 시작했어요. 일본은 군함*인 운요호를 강화도로 보내 일부러 조선군과 충돌하게 했어요. 그러고는 일본군이 입은 피해를 조선이 책임지라고 하며 강화도 조약*을 맺고 조선의 항구를 열게 했어요.

1894년 조선에서 동학 농민 운동*이 일어나자, 조선 조정*은 이를 진압하기 위해 청나라에 도와 달라고 부탁했어요. 청나라가 조선에 군대를 보내자 일본도 이 기회에 조선을 차지하려고 군대를 보냈어요.

동학 농민군은 다른 나라의 군대에게 나라를 내줄 수 없다고 생각해 스스로 흩어졌고, 조선 조정은 청나라와 일본의 군대에게 모두 돌아가라고 했어요. 하지만 일본은 돌아가지 않고 청나라를 공격해 '청일 전쟁'을 일으켰어요. 일본과 청나라는 조선과 만주, 타이완 등에서 싸웠는데, 모두 일본이 이겼지요.

일본은 청나라와 시모노세키 조약을 맺어 랴오둥반도와 타이완을 차지하고, 막대한 배상금*도 받아 냈어요. 하지만 일본이 랴오둥반도를 차지한 것을 못마땅하게 여긴 러시아가 프랑스, 독일과 함께 일본에 압력을 넣자 일본은 랴오둥반도를 청나라에 돌려주었어요.

1876년
강화도 조약을 체결함.

1894년
동학 농민 운동이 일어남.
청일 전쟁이 일어남.

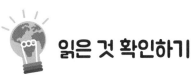 

1 일본이 조선군과 일부러 충돌한 뒤 조선과 맺은 조약은 무엇인지 쓰세요.

✏️ _____

2 청나라 군대와 일본 군대가 조선에 들어오게 된 것은 무엇 때문인지 찾아 ○ 하세요.

동학 농민 운동	갑신정변	양무운동

3 청일 전쟁에 대한 설명으로 맞으면 ○, 틀리면 ✕ 하세요.

(1) 청나라와 일본이 싸운 전쟁이에요.   (   )

(2) 청나라가 먼저 일본을 공격했어요.   (   )

(3) 청나라가 이겨 일본에게 막대한 배상금을 받았어요.   (   )

(4) 일본이 이겨 타이완을 차지했어요.   (   )

4 프랑스, 독일과 함께 일본에 압력을 넣어 랴오둥반도를 청나라에 돌려주게 한 나라를 찾아 색칠하세요.

인도   러시아   미국

🔍 **용어풀이**
- **군함** 해군에 소속되어 전투에 참여하는 배.
- **강화도 조약** 1876년에 조선이 일본의 강압에 의해 맺은 불평등 조약.
- **동학 농민 운동** 조선 고종 때 동학을 믿는 사람들과 농민들이 힘을 합해 일으킨 농민 운동.
- **조정** 임금이 나라의 정치를 신하들과 의논하거나 집행하는 곳. 또는 그런 기구.
- **배상금** 남에게 입힌 손해에 대해 물어 주는 돈.

23 일차 유럽에 저항하는 동남아시아

19세기 유럽 나라들은 태국(타이)을 뺀 동남아시아 대부분의 나라를 식민지로 삼고 약탈*을 일삼았어요. 그러자 동남아시아 각 지역에서 유럽 나라들에 저항하는 민족 운동*이 일어났어요.

필리핀에서는 민족 운동가 호세 리살이 필리핀 민족 동맹을 만들어 에스파냐의 지배에 맞섰어요. 호세 리살이 에스파냐에 잡혀 처형되자 아기날도*가 비밀 단체를 이끌며 에스파냐와 싸워 1898년 필리핀의 독립을 선언했어요. 하지만 에스파냐가 미국과의 전쟁에서 지면서 필리핀은 미국의 식민지가 되었어요.

프랑스의 지배를 받던 베트남에서는 민족 운동가 판보이쩌우가 베트남 유신회를 만들었어요. 젊은이들을 일본으로 보내 서양 문물을 배워 오게 했지요. 판보이쩌우는 아시아의 여러 나라를 돌아다니며 지원을 요청했고, 중국 여러 곳에서 독립 운동을 지도했어요.

인도네시아에서는 서양식 교육을 받은 지식인과 이슬람교도 상인이 이슬람 동맹을 만들어 네덜란드의 지배에 저항했어요. 민족 운동가 카르티니는 어머니가 될 여성의 교육이 중요하다고 생각해 여성을 가르치는 데 앞장섰어요.

▲ 19세기의 동남아시아

1892년
필리핀 민족 동맹이
만들어짐.

1904년
베트남 유신회가
만들어짐.

1911년
이슬람 동맹이
만들어지기 시작함.

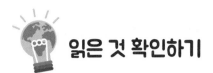 

1　19세기에 동남아시아의 각 나라는 어느 나라의 지배를 받았는지 찾아 줄로 이으세요.

필리핀 ●	● 에스파냐
베트남 ●	● 네덜란드
인도네시아 ●	● 프랑스

2　필리핀 민족 동맹을 만들어 에스파냐의 지배에 맞선 필리핀의 민족 운동가를 찾아 ○ 하세요.

호세 리살	판보이쩌우	아기날도

3　판보이쩌우에 대한 설명으로 **틀린** 것을 고르세요.　　　　　　　　　(　　　　)

① 베트남 유신회를 만들어 민족 운동을 이끌었어요.

② 젊은이들을 일본으로 보내 서양 문물을 배워 오게 했어요.

③ 베트남 사람들이 서양 물건을 사용하지 못하게 했어요.

④ 아시아의 여러 나라를 돌아다니며 지원을 요청했어요.

4　인도네시아의 민족 운동에 대한 글을 읽으면서 알맞은 말에 ○ 하세요.

> 인도네시아에서는 지식인과 이슬람교도 상인이 (불교 / 이슬람) 동맹을 만들어 네
> 덜란드에 저항했어요. 민족 운동가 (카타리나 / 카르티니)는 여성의 교육을 중요하
> 게 여겨 여성을 가르치는 데 앞장섰어요.

🔍 **용어풀이**
- **약탈** 폭력을 써서 남의 것을 억지로 빼앗음.
- **민족 운동** 식민지 상태에서 억압당하는 민족이 지배 민족이나 국가에서 벗어나 독립하려는 운동.
- **아기날도** 필리핀의 독립 운동 지도자로, 에스파냐 군대를 물리치고 독립을 선언함.

24 일차 서양 세력을 몰아내기 위한 의화단 운동

서양 나라들이 침략해 오면서 청나라 백성은 살기가 어려워졌어요. 게다가 개항 이후 크리스트교가 널리 퍼지자 불만은 더욱 커져 갔지요. 산둥 지방에서는 '의화단'이라는 비밀 단체가 조직되어 서양 세력을 공격했어요. 의화단은 원래 무술 수련*과 종교 활동을 하던 단체였어요. 그런데 서양 세력에 불만을 가진 청나라 백성들이 함께하면서 의화단의 세력이 점점 커졌어요.

의화단은 크리스트교가 서양 세력의 침략에 도움을 준다고 생각해 교회를 불태우고, 선교사들을 죽였어요. 또 서양 세력이 만든 철도를 뜯어내고 전봇대를 부수었지요.

청나라 정부는 서양 세력을 몰아내려고 의화단을 지원했어요. 의화단은 베이징으로 들어와 외국 공관*들을 공격했어요. 그러자 영국, 러시아, 일본 등 8개 나라가 연합군을 구성해 베이징으로 쳐들어와 의화단을 죽이고 진압*했어요.

의화단 운동의 실패로 청나라는 서양 세력에 엄청난 배상금을 물어야 했어요. 또 베이징에 외국 군대가 머무는 것을 허락할 수밖에 없었어요.

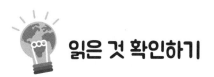

읽은 것 확인하기

📅 읽은 날짜 :　　　월　　　일

1 서양 세력을 공격하기 위해 산둥 지방에서 조직된 비밀 단체의 이름이 무엇인지 알맞은 글자를 모두 찾아 색칠하세요.

의　　　　이　　　화　　　비　　　단　　　직

2 원래 의화단은 어떤 일을 하던 단체였는지 모두 찾아 ○ 하세요.

군인 교육	종교 활동	무술 수련	농민 지원

3 의화단이 한 일이 <u>아닌</u> 것을 고르세요.　　　　　　　　(　　　　　)

① 교회를 불태웠어요.

② 선교사들을 죽였어요.

③ 외국 공관들을 공격했어요.

④ 베이징에 철도를 놓았어요.

4 의화단 운동의 결과에 대한 설명으로 맞으면 ○, 틀리면 ✕ 하세요.

⑴ 청나라가 서양 세력에게 배상금을 받았어요.　　　　　　(　　　　　)

⑵ 의화단이 서양 연합군에 이겨서 서양 세력을 몰아냈어요.　　(　　　　　)

⑶ 베이징에 외국 군대가 머물게 되었어요.　　　　　　　(　　　　　)

🔍 **용어풀이**
· **수련** 인격, 무술, 기술, 학문 등을 열심히 배우고 익힘.
· **공관** 외교관이 다른 나라에서 사무를 볼 수 있는 사무소.
· **진압** 힘으로 억눌러 진정시킴.

25 일차 신해혁명으로 세운 중화민국

청나라가 유럽 나라들의 침략을 막아 내지 못하자, 새로운 중국을 만들려는 혁명 운동이 중국 곳곳에서 일어났어요.

의사였던 쑨원도 혁명 단체를 만들어 몇 차례 봉기[*]했으나 실패했어요. 쑨원은 일본에서 중국의 여러 혁명 단체를 하나로 묶어 중국 동맹회를 만들었어요. 그러고는 중국 동맹회의 지도자가 되어 청나라 왕조를 몰아내고 국민이 주인인 공화국을 만들자고 주장했어요. 또한 국민에게 토지를 균등[*]하게 나누어 주어야 한다고 외쳤지요.

1911년에 청나라 정부가 국민이 만든 철도를 나라의 것으로 바꾸려고 하자, 화가 난 국민들이 폭동[*]을 일으켰어요. 이 기회를 틈타 중국 동맹회는 혁명 세력과 함께 봉기하여 우창을 점령했어요. 봉기는 순식간에 전국으로 퍼져 나갔고 많은 지역이 청나라 왕조로부터 독립을 선언했는데, 이를 '신해혁명'이라고 해요.

혁명 세력은 쑨원을 임시 대총통[*]으로 뽑고, 1912년 1월 1일에 난징에서 중화민국[*] 수립을 선포했어요. 혁명을 진압하는 데 실패한 청나라 왕조는 이듬해 어린 황제가 자리에서 물러나면서 완전히 무너졌어요.

▲ 쑨원

1905년
중국 동맹회를 만듦.

1911년
신해혁명이 일어남.

1912년
중화민국이 세워짐.

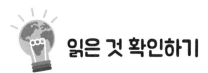
1 일본에서 중국의 여러 혁명 단체를 하나로 묶어 중국 동맹회를 만든 사람의 이름을 쓰세요.

✎ _____

2 쑨원이 주장한 것으로 **틀린** 것을 고르세요.　　　　　　　　(　　　　)

① 청나라 왕조를 몰아내자.

② 국민이 주인인 공화국을 만들자.

③ 유럽 문물을 배워 청나라를 새롭게 만들자.

④ 국민에게 토지를 균등하게 나누어 주자.

3 청나라 정부가 국민이 만든 철도를 나라의 것으로 바꾸려고 한 일로 일어난 혁명을 찾아 ○ 하세요.

중국혁명	신해혁명	우창혁명

4 중화민국에 대해 바르게 말한 아이를 모두 찾아 이름에 ○ 하세요.

해우　신해혁명 이후 중국에 세워진 공화국이에요.

유진　청나라 왕조가 일본의 도움을 받아 세웠어요.

지민　1911년 베이징에서 수립을 선포했어요.

시현　쑨원이 임시 대총통이 되었어요.

🔍 **용어풀이**
- **봉기** 아주 많은 사람이 정권에 반대하거나 항의하여 나섬.
- **균등** 차이가 없이 고름.
- **폭동** 여러 사람이 집단으로 폭력 행위를 일으켜 사회를 어지럽게 하는 일.
- **대총통** 중화민국 원년부터 1925년까지 사용한 국가 지도자의 칭호. 뒤에 총통으로 고침.
- **중화민국** 중국에서 신해혁명으로 성립되었던 공화국.

글을 읽고, 해당하는 낱말을 글자판에서 찾아 ◯로 묶으세요.
낱말은 가로, 세로로 찾을 수 있어요.

맥	아	더	베	트	남
혁	일	난	타	이	완
아	본	징	서	태	후
기	이	베	이	징	성
날	홍	링	컨	페	리
도	장	중	화	민	국

1 일본에 함대를 이끌고 와 항구를 개방하라고 요구한 미국 군인이에요.

2 아시아에서 최초로 근대화를 이룬 나라예요.

3 청일 전쟁에서 이긴 일본이 랴오둥반도와 함께 청나라에게서 넘겨받은 곳이에요.

4 비밀 단체를 이끌며 에스파냐와 싸워 필리핀의 독립을 선언한 사람이에요.

5 의화단 운동의 실패로 청나라가 외국 군대에게 머물도록 허락한 곳이에요.

6 중국에서 신해혁명으로 성립되었던 공화국이에요.

돈가스는 어떻게 탄생했을까?

우리가 즐겨 먹는 돈가스는 일본에서 들어온 음식이야. 일본 사람들이 돈가스를 먹기 시작한 것은 메이지 유신 이후부터야. 원래 일본 사람들은 고기를 잘 먹지 않았어. 그런데 메이지 유신 이후 메이지 천황이 일본 사람들에게 고기를 먹으라고 권했지. 일본이 서양에 맞서려면 서양 사람들처럼 고기를 먹어 몸집을 키워야 한다고 생각했기 때문이야. 하지만 일본 사람들이 여전히 고기를 잘 먹지 않자 고기에 빵가루를 묻혀서 기름에 튀겨 내는 음식을 개발했는데, 그게 바로 돈가스야. 튀김을 좋아했던 일본 사람들은 돈가스를 먹으며 고기 먹는 것에 익숙해졌대.

돈가스 ▶

중국의 잔 다르크라 불린 쑨원의 아내 쑹칭링

쑨원의 아내인 쑹칭링은 쑨원의 가장 가까운 동료이자 협력자였어. 어려서 미국 유학을 다녀온 쑹칭링은 대총통이 된 쑨원의 비서가 되었고, 쑨원과 결혼한 뒤 쑨원의 혁명 투쟁을 함께했어. 쑨원이 죽은 뒤에는 남편의 뜻을 잇기 위해 노력했으며, 중국을 침략한 일본에 대

한 저항 운동을 지원했어. 중화 인민 공화국이 건국된 후에는 국가 부주석이 되어 지도자로서 활약하기도 했지. 중국 사람들은 오랜 시간 중국의 혁명에 몸 바친 쑹칭링을 '중국의 잔 다르크', '인민을 사랑한 여인'이라고 부른다고 해.

해답과 도움말

유럽

1일차 기계의 발명이 가져온 산업 혁명

📖 8~9쪽

1 ③

2 (순서대로) 방적기, 방직기

3 (순서대로) 스티븐슨, 풀턴, 벨

4 산업 혁명

도움말 영국에서 가장 먼저 시작된 산업 혁명은 곧 주변 나라로 퍼져 나갔어요. 19세기 초반에는 벨기에와 프랑스로, 19세기 후반에는 독일과 러시아 등으로 퍼져 나가 각 나라의 상황에 맞게 산업 사회로 바뀌어 갔어요.

유럽

2일차 산업 혁명이 가져온 사회 변화

📖 10~11쪽

1 ②, ④

2 기계 파괴 운동

3 사회

4 마르크스

도움말 산업 혁명으로 귀족의 세력이 약해지고, 자본가가 사회 중심 세력이 되었어요. 그러면서 자본가와 노동자를 중심으로 하는 자본주의 사회가 확립되었지요. 산업 혁명으로 사람들이 도시로 몰리면서 주택이나 환경 문제 등 여러 가지 문제가 발생하기도 했어요.

아메리카

3일차 보스턴 차 사건과 미국의 독립

📖 12~13쪽

1 (순서대로) 동인도, 동인도, 차

2 프랑스, 에스파냐

3 (순서대로) ②, ③, ①, ④

4 아메리카 합중국

도움말 보스턴 차 사건이 일어난 뒤 영국이 항구를 막아 버리는 등 식민지를 탄압하자, 식민지 사람들이 군대를 만들어 영국군에 맞서면서 전쟁이 일어났어요. 이에 식민지 대표들은 대륙 회의를 열어 조지 워싱턴을 총사령관으로 임명하고 1776년에 독립 선언문을 만들어 발표했어요.

유럽

4일차 평민들이 왕을 몰아낸 프랑스 혁명

📖 14~15쪽

1 기사

2 평민

3 인권 선언

4 (순서대로) ②, ⑤, ①, ③, ④

도움말 18세기 프랑스에서 성직자와 귀족은 높은 관직을 독차지한 채 세금은 내지 않고, 많은 토지를 가지는 등 특별한 권리를 누렸어요. 하지만 국민의 대부분을 차지하는 평민은 너무 많은 세금에 시달리면서 불만을 가지고 개혁을 요구하게 되었어요.

유럽

5일차 프랑스 시민들에게 미움받은 마리 앙투아네트

📖 16~17쪽

1 루이 16세

2 ④

3 나랏돈을 낭비한 죄,
오스트리아와 공모한 죄

4 (순서대로) 프랑스, 단두대

도움말 오스트리아와 프랑스의 동맹을 위해 루이 16세와 결혼한 마리 앙투아네트는 사치를 일삼아 프랑스 국민의 미움을 샀어요. 시민들이 먹을 것이 부족해 빵을 달라고 하자, 마리 앙투아네트가 빵이 없으면 케이크를 먹으라고 했다는 이야기는 아주 유명한데, 이 이야기는 당시 사람들이 지어낸 것이라고 해요.

유럽

6일차 유럽 대륙을 장악한 나폴레옹

📖 18~19쪽

1 오스트리아

2 (순서대로) 황제, 영국

3 러시아

4 (1) ✗, (2) ◯, (3) ◯, (4) ✗

도움말 권력을 잡은 나폴레옹은 은행을 세우고 국민 교육 제도를 도입하는 등 개혁을 실시했어요. 또 프랑스 혁명의 정신을 담아 《나폴레옹 법전》을 펴냈지요. 그 후 나폴레옹은 국민들의 열렬한 지지를 받아 황제가 되었고, 본격적인 정복 전쟁에 나서 유럽 대부분을 차지했어요.

낱말퍼즐

📖 20쪽

1 증기 기관
2 노동조합
3 보스턴
4 삼부회
5 국민 의회
6 나폴레옹

나	폴	레	옹	메	국
자	삼	루	이	리	민
본	부	보	스	턴	의
가	회	워	싱	턴	회
증	기	기	관	왕	국
귀	족	노	동	조	합

7일차 라틴 아메리카의 독립 전쟁

📖 22~23쪽

1 프랑스 혁명
2 아이티
3 베네수엘라, 볼리비아, 콜롬비아
4 산마르틴

도움말 미국이 독립하고 프랑스에서 혁명이 일어나며 라틴 아메리카를 지배하던 에스파냐 왕이 나폴레옹에게 쫓겨나자, 라틴 아메리카의 여러 나라는 독립을 선언했어요. 아메리카의 식민지에서 태어난 에스파냐 사람인 크리오요들이 군인으로 독립 운동에 앞장섰지요.

8일차 서쪽으로 땅을 넓혀 나간 미국

📖 24~25쪽

1 루이지애나
2 ①
3 캘리포니아
4 (1) ◯, (2) ✕, (3) ◯, (4) ✕

도움말 유럽에서 미국으로 건너온 이민자들의 대부분은 공업이 발달해 일자리가 많은 북부 지역으로 갔어요. 그러다 미국이 멕시코와의 전쟁에서 이겨 얻게 된 서부의 캘리포니아에서 금광이 발견되자, 사람들이 서부로 몰려들면서 서부 개척 시대가 시작되었어요.

9일차 중국의 문을 열게 한 아편 전쟁

📖 26~27쪽

1 (순서대로) 면직물, 차와 도자기
2 아편
3 ②, ④
4 (순서대로) 다섯(또는 5), 홍콩

도움말 제1차 아편 전쟁에서 진 청나라는 영국과 난징 조약을 맺었어요. 조약에 따라 영국 국민은 광저우, 상하이 등 5개 항구에서 살면서 마음대로 무역을 할 수 있게 되었으며, 영국은 청나라에게서 홍콩을 받아 영국의 법률로 다스릴 수 있게 되었어요.

10일차 다친 병사들을 간호한 나이팅게일

📖 28~29쪽

1 간호사
2 크림 전쟁
3 (1) ◯, (2) ✕, (3) ◯, (4) ◯
4 나이팅게일 간호 학교

도움말 크림 전쟁에서 수많은 병사가 전투와 전염병으로 죽어 간다는 소식을 들은 나이팅게일은 간호사들을 모아 이스탄불로 가서 야전 병원장으로 활약했어요. 이후 간호 학교를 세우고 간호와 관련된 책도 직접 썼는데, 이 책들은 세계의 간호사들을 가르치는 기초가 되었어요.

낱말퍼즐

📖 30쪽

1 프랑스
2 볼리바르
3 플로리다
4 영국
5 에로호 사건
6 나이팅게일

가	나	이	팅	게	일
플	로	리	다	불	에
미	볼	힌	두	교	로
국	리	청	나	라	호
영	바	프	랑	스	나
국	르	멕	시	코	건

인도

11일차   영국에 대항한 세포이의 항쟁

📖 32~33쪽

1 동인도 회사
2 세, 포, 이
3 (1) ○, (2) ✕, (3) ○
4 ②, ④

도움말 동인도 회사는 세포이들을 신식 총으로 무장시켰어요. 신식 총을 쓸 때에는 종이 탄약통을 입으로 뜯어야 했는데, 여기에 소와 돼지의 기름이 칠해져 있다는 소문이 돌았어요. 이 소문은 사실이 아니었지만, 이 때문에 영국에 대한 인도 사람들의 불만이 폭발하여 세포이의 항쟁으로 이어졌어요.

아메리카

12일차   미국 남부와 북부의 대립이 가져온 남북 전쟁

📖 34~35쪽

1 (순서대로) 북부, 남부
2 ①
3 (순서대로) 링컨, 남부
4 북부

도움말 미국 남부는 땅이 넓고 기름져서 목화를 생산하는 넓은 농장이 발달했어요. 농장일은 주로 노예의 몫이었는데, 1800년대 중반에는 남부 인구의 3분의 1이 노예였다고 해요. 미국 북부는 땅이 거칠어 농사짓기가 힘들었기 때문에 많은 공장이 들어섰고 수많은 노동자가 공장에서 일을 했어요.

13일차 노예 해방을 선언한 링컨 대통령 📖 36~37쪽

1 링컨

2 (순서대로) 평등, 없습니다

3 노예 해방 선언

4 (순서대로) 틀려요, 맞아요,
  맞아요, 틀려요

도움말 링컨은 북부가 게티즈버그 전투에서 이긴 뒤 '국민의, 국민에 의한, 국민을 위한 정부가 이 땅에서 영원히 사라지지 않도록 힘을 모으자.'라는 내용의 유명한 연설을 했어요. 이 연설로 더 힘을 얻은 북부는 리치먼드 지역을 점령하면서 남부의 항복을 받았고, 남북 전쟁은 끝이 났어요.

14일차 유럽에 아프리카를 알린 리빙스턴 📖 38~39쪽

1 ③

2 (순서대로) ①, ③, ②

3 남아프리카

4 《남아프리카 전도 여행기》,
  《잠베지강과 그 지류》

도움말 리빙스턴은 유럽 사람들이 한 번도 가 보지 못한 아프리카 여러 곳을 탐험했어요. 빅토리아 폭포를 발견하고 이름을 붙인 사람도 리빙스턴이지요. 동아프리카를 탐험하던 중 실종되었다가 1871년 미국의 신문 기자인 스탠리에 의해 발견되기도 했어요.

15일차 유럽에 땅을 빼앗긴 아프리카 📖 40~41쪽

1 스탠리

2 현빈

3 파쇼다

4 라이베리아, 에티오피아

도움말 1910년경에는 유럽 여러 나라가 아프리카의 대륙 전체를 거의 다 나누어 가졌어요. 아프리카 원주민들의 언어나 문화 등은 전혀 신경을 쓰지 않고 마음대로 땅을 나누어 가지면서 아프리카에는 오늘날과 같은 국경선이 정해졌어요.

낱말퍼즐

📖 42쪽

1 인도
2 돼지
3 목화 농업
4 게티즈버그
5 리빙스턴
6 콩고

콩	고	가	봉	인	도
일	스	목	화	농	업
본	탠	파	인	애	플
돼	리	리	빙	스	턴
지	캘	리	포	니	아
콩	게	티	즈	버	그

아프리카

16일차 유럽으로부터 땅을 지키려는 아프리카

📖 44~45쪽

1 철
2 (순서대로) 맞아요, 맞아요, 틀려요
3 (순서대로) 프랑스, 독일
4 (순서대로) 메넬리크 2세, 이탈리아

도움말 오늘날 남아프리카 지역에 있었던 줄루 왕국도 19세기 후반에 영국의 침략을 받았어요. 줄루족은 이산들와나 전투에서 영국군을 크게 무찔렀지만, 이어진 전투에서 지면서 영국의 식민지가 되고 말았지요.

아프리카

17일차 이집트에 건설된 수에즈 운하

📖 46~47쪽

1 수에즈 운하
2 프랑스, 영국
3 ③
4 (순서대로) ①, ③, ④, ②

도움말 19세기 초 이집트는 총독인 무함마드 알리가 군사와 교육, 세금 제도 등에서 근대화 정책을 추진했어요. 하지만 19세기 중반 수에즈 운하를 건설하는 과정에서 엄청난 빚을 지고 수에즈 운하 운영권을 영국에게 넘겨주면서, 20세기 초 이집트는 영국의 보호국이 되었어요.

18일차　독일의 통일을 이끈 비스마르크

📖 48~49쪽

1 비스마르크

2 ②, ③

3 (순서대로) 무기, 희생

4 (순서대로) 빌헬름 1세, 베르사유

> **도움말** 1861년에 왕위에 오른 빌헬름 1세는 비스마르크를 수상으로 임명해 강력한 군대를 만들었어요. 통일을 이룬 뒤에는 화학 산업과 전기 산업 등을 적극적으로 키우기 시작했고, 아프리카와 아시아로 눈을 돌려 식민지를 개척하는 데 힘을 쏟았어요.

19일차　오스만 제국의 근대화 노력

📖 50~51쪽

1 ②, ④

2 탄지마트

3 (순서대로) 맞아요, 틀려요, 맞아요, 틀려요

4 청년 튀르크당

> **도움말** 오스만 제국의 술탄인 압둘 마지드 1세는 탄지마트를 시행하면서 서양의 문물을 적극 받아들였어요. 그는 술탄의 권위를 널리 알리기 위해 유럽식 궁전을 지었는데, 프랑스 베르사유 궁전을 본떠 이스탄불에 지은 돌마바흐체 궁전이 그것이에요.

20일차　인류의 삶을 바꾼 놀라운 발명과 발견

📖 52~53쪽

1 (순서대로) 노벨, 광산

2 (1) ㄷ, (2) ㄱ

3 엑스선

4 ①, ③

> **도움말** 19세기 초 과학자들은 전구를 발명했지만, 전류가 흐를 때 필라멘트가 너무 빨리 녹아 오래 불을 밝힐 수 없었어요. 그런데 에디슨이 6,000여 가지의 물질로 실험해 대나무를 태운 숯으로 만든 필라멘트를 발명하여 40시간 이상 불을 밝히는 데 성공했어요.

21일차　일본을 근대화로 이끈 메이지 유신

📖 56~57쪽

1 미국

2 (1) ✕, (2) ◯, (3) ◯, (4) ✕

3 (순서대로) 무사, 메이지

4 ④

> **도움말** 메이지 천황이 이끄는 정부는 정치, 사회, 경제의 모든 제도를 새로 바꾸었어요. 서양 문물을 적극 받아들여 일본을 부강한 나라로 만들려고 했지요. 철도와 전화 등을 설치하고 서양식 군대를 만들었으며 날짜의 기준을 음력에서 양력으로 바꾸는 등 철저하게 서양화 정책을 실시했어요.

낱말퍼즐

📖 54쪽

1 상아
2 이집트
3 수상
4 프로이센
5 백열전등
6 뢴트겐

프	로	이	센	초	전
스	웨	덴	수	상	화
뢴	트	겐	고	퀴	백
외	이	에	무	리	열
교	집	디	상	부	전
관	트	슨	아	인	등

동아시아

22일차 청나라를 공격한 일본

📖 58~59쪽

1 강화도 조약
2 동학 농민 운동
3 (1) ○, (2) ✕, (3) ✕, (4) ○
4 러시아

도움말 청일 전쟁에서 이긴 일본은 청나라와 시모노세키 조약을 맺었어요. 이 조약으로 일본은 청나라가 다시는 조선에 간섭할 수 없게 했고, 어마어마한 배상금과 함께 타이완과 랴오둥반도를 차지했지요. 이후 일본은 조선에서 세력을 점점 넓혀 갔고, 청나라에게서 받은 배상금으로 더 강한 군대를 만들었어요.

동아시아

23일차 유럽에 저항하는 동남아시아

📖 60~61쪽

1 (순서대로) 에스파냐, 프랑스, 네덜란드
2 호세 리살
3 ③
4 (순서대로) 이슬람, 카르티니

도움말 프랑스와 영국이 서로 차지하려고 했던 나라인 태국은 동남아시아 가운데 유일하게 독립을 유지한 나라예요. 태국은 서양의 문물을 받아들여 제도를 근대화하고 영국과 프랑스의 다툼을 이용한 외교 정책으로 독립을 지킬 수 있었지요.

24일차 서양 세력을 몰아내기 위한 의화단 운동

📖 62~63쪽

1 의, 화, 단
2 종교 활동, 무술 수련
3 ④
4 (1) ✕, (2) ✕, (3) ○

도움말 의화단 운동에 실패한 청나라 정부는 정권을 유지하기 위해 개혁을 실시했어요. 과거 시험을 없애고 신식 학교를 세웠는데, 신식 학교에서 근대식 교육을 받은 사람들은 청나라의 새로운 지식인이 되어 이후 청나라의 혁명 운동에 앞장섰어요.

25일차 신해혁명으로 세운 중화민국

📖 64~65쪽

1 쑨원
2 ③
3 신해혁명
4 해우, 시현

도움말 쑨원은 만주족이 세운 청나라 정부를 없애고 한족 정권을 회복하며, 군주제를 없애고 공화제 정부를 세우고, 토지 제도를 개혁해서 국민의 생활을 안정시키자고 주장했는데 이것이 삼민주의예요. 쑨원은 이 삼민주의를 내세우며 신해혁명을 이끌었어요.

낱말퍼즐

📖 66쪽

1 페리
2 일본
3 타이완
4 아기날도
5 베이징
6 중화민국

맥	아	더	베	트	남
혁	일	난	타	이	완
아	본	징	서	태	후
기	이	베	이	징	성
날	홍	링	컨	페	리
도	장	중	화	민	국

찾아보기